WERNER KLIPPERT

Elemente des Hörspiels

W0245556

PHILIPP RECLAM JUN. STUTTGART

Universal-Bibliothek Nr. 9820 [2]
Alle Rechte vorbehalten. © Philipp Reclam jun. Stuttgart 1977
Gesetzt in Borgis Garamond-Antiqua. Printed in Germany 1977
Herstellung: Reclam Stuttgart
ISBN 3-15-009820-3

Einleitung

In dem Augenblick, in dem dieses kleine Buch erscheint, ist die rundfunkpolitische Lage in der Bundesrepublik Deutschland instabil, und es zeichnen sich beunruhigende Tendenzen ab. Der als Geschenk der Siegermächte installierte öffentlich rechtliche Rundfunk – freier als die Rundfunksysteme der Installateure – gerät in Gefahr, seine Selbständigkeit und damit seine kulturelle Potenz einzubüßen. Parteien- und Wirtschaftsinteressen nehmen immer unverhohlener Einfluß. Diesen Gruppen ist das letztlich unkontrollierbare Artefakt Hörspiel lästig, weil es den Angeboten unterschwelliger Propaganda und offener Reklame Abbruch tut. Das Hörspiel ist die einzige genuine Darstellungskunst, die der Hörfunk hervorgebracht hat; ein Programmangebot, das die Souveränität des Hörers fördert. Natürlich gibt es auch Hörspiele, die der Propaganda und der Werbung dienen. Aber wo diese Absichten die Dramaturgie des Hörspiels bestimmen, wo es also zur Zweckform degeneriert, gibt es kaum Hörspiele von ästhetischem Belang. Sowohl das kommerzielle Rundfunksystem der Vereinigten Staaten wie das staats- und parteidirigistische der Sowjetunion haben bis dato die Entfaltung einer Hörspielkunst behindert, um nicht zu sagen, verhindert. So gesehen, ist die Forderung nach Spielraum für das Hörspiel im Rundfunkprogramm auch eine kulturpolitische. Die meisten Dramaturgen (der Autor dieses Bändchens gehört zu ihnen) sind sich dieser Tatsache bewußt. Freilich sollte sich jeder Dramaturg auch bewußt sein, daß

dieser Spielraum nicht für ihn reserviert sein kann.
Die Zensur, deren kleinste Anzeichen er mit Recht
zurückweist, ist ihm via Programmauswahl und Text-
bearbeitung ebenfalls möglich. Wie aber soll er ver-
meiden, daß sein ideologisches und ästhetisches Credo
zur Fremdbestimmung für Autoren und Produzenten
wird? Denn aktive Dramaturgie soll er ja betreiben;
ein Konzept darf und sollte er haben. Bleibt nur die
Frage, woran soll er, sollen die Autoren und die Produzenten im Studio sich vor allem meinungsmäßigen
Engagement orientieren. Die Antwort scheint einfach
und liegt auf der Hand. Er muß sein Metier kennen,
d. h. Medium, Mittel und Material, mit denen er zu
arbeiten hat.
Diese aber sind in der fünfzigjährigen Geschichte des
Hörspiels, wenn überhaupt, mit sehr unterschiedlicher
Intensität gesehen worden. Man lehnte sich an traditionelle Kunstformen an und ging weniger von den
elementaren Bedingungen des Mediums aus. Immerhin
bemühten sich die frühesten Hörspielpioniere, den
Notwendigkeiten des Mediums entgegenzukommen.
Die ausschließlich akustische Vermittlungsform gab
Richard Hughes den Gedanken ein, sein nach den Gesetzen des Bühneneinakters geschriebenes Hörspiel *Gefahr*[1] (das erste der europäischen Rundfunkgeschichte,
gesendet 15. Januar 1924, London) in der Finsternis
eines Bergwerkstollens spielen zu lassen. Das erste
französische Hörspiel, *Maremoto*[2] von Pierre Cusy und
Gabriel Germinet, simulierte sogar eine Live-Repor-
tage mit Originalaufnahmen, nämlich die aufgefange-
nen Signale einer Schiffskatastrophe. Der Sender
selbst mit seinen Programmsparten wurde zum Schau-,
besser Hörplatz des ersten überlieferten Hörspiels

deutscher Zunge, *Zauberei auf dem Sender*[3] von Hans
Flesch. Flesch spielte sogar schon mit der Technik des
Rundfunks, um seine übrigens hausbackene Groteske
vorzuführen. Man war auf der richtigen Spur, die »zu
neuen Radioschöpfungen« (*Radioumschau*, 1924) führen sollte. Als aber dann Literaten und Literaturwissenschaftler sich mit der Sache befaßten, gab es zwar
eine beachtliche Qualitätssteigerung der Texte, zugleich nahmen jedoch auch literaturwissenschaftliche
Termini überhand. Begriffe wie ›Radiodrama‹, ›Funkepik‹ oder ›lyrisches Individuum‹[4] (als Spezifikum der
Hörspielperson) knüpften bewußt an literarische Gattungsvorstellungen an[5]. Schließlich erklärte man das
Hörspiel zur literarischen Mischform[6], weil und obwohl man gemerkt hatte, daß die Termini der Literaturwissenschaft nicht mit der elektroakustischen Realisation dieses Spiels zur Deckung gebracht werden
können. Ein Mann wie Hans Flesch hatte dagegen
schon 1928 betont, er sei überzeugt, »daß das Hörspiel weder Theaterstück noch Epos, noch Lyrik sein
wird«[7].
Immerhin hielt die Verlegenheitsdefinition von der
Mischform das Spielfeld offen. Eine Fülle von Typen
und Formen entwickelte sich. Einen Begriff davon
gibt die 1970 vom WDR begonnene Sendereihe der
Typologie Reinhard Döhls[8]. Experimentelle Vorstöße
gelangten über die Grenze des Hörspiels hinaus. Die
Arbeit mit Klangeffekten im Hörspielstudio war mit
ein Anstoß für die Entwicklung der elektronischen
Musik. In radikaler Rückbesinnung auf die medialen
und materialen Bedingungen des Spiels kam Friedrich
Knilli anfangs der sechziger Jahre zu seiner Konzeption vom »totalen Schallspiel«[9], das allerdings ent

scheidende Funktionen der Sprache und die personale
Qualität der Stimme negierte. Die neugeweckte Aufmerksamkeit für das Material brachte in Verbindung
mit vorangegangenen und gleichlaufenden Entwick-
lungen in der Literatur die Literaten unter den Hör-
spielschreibern dazu, sprachliche Experimente zu
machen, die meist das Ziel verfolgten, beim Hörer
Lernprozesse hinsichtlich der Sprache in Gang zu setzen. In Ton- und Geräuschspielen versuchte man, einer
»Grammatik des Hörens«[10] näher zu kommen oder
vorgefundene akustische Äußerungen musikalisch zu
formieren. Zuletzt ersetzte man im Originalton-Hör-
spiel die Sprechroutine der professionellen Schauspieler durch die Reden und das Gerede, die der Alltag
hervorbringt, gewann eine neue Unmittelbarkeit, ohne
freilich die Tiefendimensionen der Stimme auszuschöpfen. All dies überschauend, konnte Helmut Heißenbüttel 1968 dem Hörspiel das Horoskop stellen
und sagen: »Alles ist möglich, alles ist erlaubt.« Den
Autoren, Dramaturgen und Regisseuren empfahl er:
»Sie sollten sich stets bewußt sein, daß sie machen
können, was sie wollen, daß es für das, was sie ausprobieren wollen, keine Grenzen gibt . . .«[11]
Dies war gewiß eine generöse Geste gegenüber allen
Kreativen, zu denen ja keineswegs nur Professionelle
gehören. Und von dieser Seite her ist Heißenbüttel
auch zuzustimmen. Denn die Grenzen der am Produk-
tionsprozeß Beteiligten sind in der Tat nicht im vor-
hinein festlegbar. Die individuellen und gesellschaft-
lich-historischen Bedingungen, die zum einzelnen
Werk führen, sind nicht ein für allemal durch theore-
tische Überlegungen abzustecken. Welche Formen und
Stoffe sich für das Hörspiel eignen, kann man nicht

vorausbestimmen; und immer wieder werden die Produzenten neue technische Erfindungen ausprobieren müssen. Trotzdem gibt es gegenüber der uferlosen Fülle von Individualität und historischer Wandelbarkeit Fixierungen, die der grenzenlosen Willkür des Produzierens dialektisch widersprechen. Noch immer umschreibt »das Medium die Grundlagen der möglichen Ausdrucksformen«[12]. Und noch immer bedingen die Ausdruckselemente die Möglichkeiten des zu spielenden Stücks. Mit Farbe oder mit Stein zu arbeiten ist etwas anderes als mit akustischen Signalen; und Lessings Unterscheidung von Raum- und Zeitkünsten im *Laokoon* ist keineswegs überholt.

Will man wirklich wissen, was es mit dem Hörspiel auf sich hat, wird man von seinen eigentlichen Grundlagen ausgehen müssen. Und das sind nicht Gattungen der Literaturgeschichte, die zudem heute ihre festumrissene Geltung bereits verloren haben, sind nicht Nachbarkünste, die mit der Technik aufkamen wie Film- und Fernsehspiel, ist auch nicht die instrumentale Klangkunst der Musik, sondern das sind das elektroakustische Medium und die Elemente Ton und Geräusch, Wort und Stimme. Mit diesen Grundlagen des Hörspiels befaßt sich diese Arbeit. Daß dabei Linguistik, Phonetik, musikalische Begriffe, physikalische Schallanalysen und Ähnliches mit in Betracht kommen, versteht sich; und die Literaturwissenschaft soll keinesfalls verdrängt, sondern eher aufgefordert werden, sich mit dem Hörspiel elementar zu befassen, ehe man es vorschnell vom literaturwissenschaftlichen Überbau her einordnet. Eine Spieltheorie des Hörspiels steht noch aus, für die man auch Dramaturgie sagen kann, wenn man sich bewußt bleibt, daß die Anleh-

nung ans Drama nur ein schiefes Licht auf die neue
Darstellungskunst wirft.

Da das technische Medium die Grundlage der Vermittlung des Hörspiels ist, muß es Ausgangspunkt dieser Arbeit sein. Denn es ist nicht nur so, daß der elektroakustische Vermittlungsprozeß aussondert, indem
er nur die Ausdruckselemente Ton, Geräusch, Wort
und Stimme durchläßt, diese Elemente müssen außerdem auf das Medium hin gedacht werden. Durch den
Eintritt ins Mikrofon werden die akustischen Elemente verabsolutiert, eine neue Spielebene entsteht,
für die es bisher nichts Vergleichbares gab, weswegen
Ausdrücke wie ›Radiotheater‹ und ›innere Bühne‹[13] in
die Irre führen. Die Spielelemente werden einbezogen
in ein einsinniges, zeitlich strukturiertes Kontinuum,
dessen räumliche Ausdehnung von der punktuellen
Ausstrahlung bis zur nahezu vollständigen Raumwir-
kung reicht, je nachdem, ob es sich um eine monofone,
stereofone, quadrofone oder kopfbezogene Aufnahme
handelt. Sämtlichen akustischen Elementen fallen in
diesem potentiellen Spiel-Raum neue Funktionen zu.
Ton und Geräusch können beispielsweise darstellerische Funktionen übernehmen, zur Stimme werden,
wie umgekehrt die Stimme zum Instrument für Klänge
und Geräusche werden kann. Wort und Laut werden
nur durch die Stimme vermittelt, sind also nicht im
wörtlichen Sinne literarisch, und der Stimme kommen
Aufgaben zu, die weit über das hinausgehen, was die
Stimme auf der Bühne und im Film zu leisten hat.
Die Stimme kann Person, Ort der Handlung und diese
selbst »verkörpern«, aber auch Instrument einer »text-
sound-composition« sein. Sie reicht als Medium vorsprachlichen elementaren Ausdrucks in alle psychi-

schen Schichten des Menschen. Wie man diesen Schichten zum Ausdruck verhelfen kann, wird erkennbar,
wenn man einerseits das Instrumentarium untersucht,
mit dem die Technik operiert, und andererseits die
Ausdruckselemente selbst.

Denn eine Hörspielproduktion besteht ja nicht nur
aus Mikrofonaufnahme und Wiedergabe durch den
Lautsprecher. Dazwischen ist sehr viel möglich. Das
Tonband ist nicht nur Konservierungsmittel, sondern
auch Gestaltungsmittel, das die Montage erlaubt, die
ihrerseits wieder zu einer eigenen Dramaturgie führen
kann (Collage). Im Mischpult können die akustischen
Signale in einer Weise kombiniert, gesteuert und mit
Hilfe vorgeschalteter Gestaltungsmittel gefiltert und
modelliert werden, daß dadurch ein Spiel entsteht,
das noch über die Leistungen des in der Musik ver-
wendeten Synthesizers hinausgeht, weil es mit Stimme,
Geräusch und Sprache die Abstraktionen der Musik
hinter sich läßt und die konkrete Welt mit einbezieht[14]. Das Mischpult vermag allein schon mit dem
einfachen Vorgang der Blende neue Zusammenhänge
zu schaffen: eine Zusammenschau, ein Durch-die-
Zeit-Schauen, eine Verbindung von Örtlichkeiten, von
Dimensionen (z. B. Denkdimension und reales Geschehen) und eine Simultanität akustischer Versatz-
stücke. – Es stellt sich heraus, daß jede von der Technik verfügbar gemachte Möglichkeit die Funktions-
tüchtigkeit der Ausdruckselemente herausfordert und
ihnen eine spezielle Geschmeidigkeit abverlangt. So
sind auch die bedeutenden Hörspiele der fünfziger
und frühen sechziger Jahre, die aus der Kunst der
Blende lebten – Erwin Wickerts *Der Klassenaufsatz*[15]
und Günter Eichs *Das Jahr Lazertis*[16] nur als Bei-

spiele – durchaus eigenständige Hörwerke gewesen,
auch wenn sie den Forderungen des »totalen Schallspiels« nicht entsprachen. Nicht die Anzahl der ver-
wendeten technischen Möglichkeiten macht die Qualität eines Hörspiels aus, sondern das Zusammenspiel
und die Nutzung der Mittel und Elemente im Sinne
des Produktionsvorhabens. Dabei läßt sich dann freilich feststellen, daß viele Autoren von gebotenen
Möglichkeiten keinen Gebrauch machen, obschon sie
dadurch weiterkämen, und manche Form und man-
ches Thema aussparen, weil sie die spezifischen Ange-
bote der Hörspielproduktion noch nicht entdeckt
haben. Bei Amateuren ist es oft umgekehrt. Ihre
Basteleien ziehen den Effekt aus technischer Manipu-
lation, während es mit der Idee, der Sprache und dem
Darstellungsvermögen hapert. Ich denke in diesem
Fall speziell an die Amateure des ›Rings der Tonband-
freunde‹ und deren jährlichen Wettbewerb. Was aus
den Schulen kommt, hinkt, soweit ich das sehen kann,
meist technisch, sprachlich und darstellerisch hinter
den auch dort gegebenen Möglichkeiten her. Und das,
obwohl längst erprobt wurde, daß ein Hörspielpro-
jekt die Kreativität sowohl der sprachlich und darstellerisch begabten Schüler als auch der technisch-
naturwissenschaftlichen Talente freizusetzen vermag.
Die Zusammenarbeit unterschiedlich interessierter
Schüler bei einer Hörspielproduktion erlaubt es, das
Tonband in den Dienst sozialpädagogischer Arbeit zu
stellen[17].
Eine solche Unterrichtseinheit ist das Modell eines
Produktionsprozesses, bei dem die künftige Arbeits-
welt mit ihren Planern, Einrichtern, Steuerleuten,
Kontrolleuren und Reparateuren zugleich mit kreativ

humanen Zielsetzungen spielerisch eingeübt werden kann. Denn die Einsicht in die technischen Verfahren reicht nicht aus. Zwar muß man wissen, daß das Mikrofon eine neue Darstellungsebene eröffnet, das Mischpult neue Kombinationen ermöglicht und die Gestaltungsmittel wie Filter, Modulatoren, Hallplatte und Magnetband Bearbeitungsverfahren erlauben, die die Ausdruckselemente verwandeln und analysierend auseinanderzunehmen vermögen, so daß sie vieles preisgeben, was vorher verdeckt war. Trotzdem bleibt die technische Gestaltung leer ohne die substantiellen Inhalte des akustischen Materials. Wozu Ton und Geräusch brauchbar sind, wofür sie einstehen und was ihre Eigenart ist, kann nur ermittelt werden, wenn man sie untersucht und ihre Ausdruckswerte im freien akustischen Raum erprobt. Was das autonome Sprachspielwort vermag, das sich sozusagen selber fortspielt, permutiert, assoziiert, kann im Hörspiel zum Vorschein kommen. Aber über die handelnde Sprache hinaus, die in ihrem System befangen bleibt, ist das Wort Medium der Stimme, die aus ihrer Perspektive beschreibt, bezeichnet, benennt, berichtet, schildert, also Welt bewußt macht. Oder das Wort dient der Stimme selbst zum Ausdruck, wird Signal ihrer Gedanken und Willensimpulse.

Für mich ist die Stimme so etwas wie der archimedische Punkt zur Erklärung des Hörspiels, und das Kapitel ›Stimme‹ schließt deshalb diese Arbeit ab. Man kann sich fragen: was kann man alles weglassen, ohne daß das Hörspiel aufhört, eines zu sein, und man kommt zu dem Ergebnis, daß dann außer dem technischen Medium nur die Stimme übrigbleibt[18]. Zu einem ähnlichen Ergebnis gelangte Jerzy Grotowski,

als er fragte, was für das Theater unerläßlich ist[19]. Da
stellte sich dann heraus, daß es ohne Bühnenbild und
Kostüm, ohne Musik und Beleuchtungseffekte, ja sogar ohne Text auskommen kann, nicht aber ohne den
Schauspieler. Ebensowenig kommt das Hörspiel ohne
die Stimme aus. Nur muß erkannt werden, was ihr
besonderer Status ist und welche Funktionen ihr zu-
wachsen.

Über das hinaus, was bisher schon im Hörspiel zur
Anwendung gekommen ist, sollte man nicht vergessen,
welche Ausdruckswerte die Stimme hervorbringt, noch
bevor sie sich dem System der ausformulierten Sprache
anpaßt. Die Lautgebungen der Lettristen, die *Atemzüge* Dieter Schnebels und die Stimmversuche Roy
Hards, von denen Paul Pörtner[20] berichtet, können
da ebenso herangezogen werden wie beispielsweise die
tiefenpsychologische Primärtherapie eines Arthur Janov[21], die Erkenntnisse der Phonologie ebenso wie die
schlichte Feststellung, daß die Stimme Ausdrucks-
medium der Person ist. Eine Dramaturgie der Stimme
kommt in Sicht, in welcher die Stimme zum Thema
wird und zur Offenlegung von individuellen und sozialen Tatbeständen dient. Die Suche nach der eigenen
Stimme ist zugleich eine Suche nach sich selbst.

So führt die Analyse der Elemente des Hörspiels auch
zu einer elementaren Formenlehre, die in dieser Arbeit
freilich nur angedeutet werden kann. Je nachdem,
welches Element spielbestimmend ist, ergeben sich
folgende Grundformen:

1. das Geräuschhörspiel und das Klang- und Schallspiel,
2. das Sprachspiel,
3. das Spiel für Stimmen.

Um sich zu vergegenwärtigen, welche Verknüpfungs-
möglichkeiten durch die Technik gegeben sind und
welche den Elementen innewohnen, sind Fragen denkbar wie beispielsweise diese:
Welche Verbindungen erlaubt die Technik? (Z. B.
Blende, Montage, Schichtung durch Filter, Stimmeta-
morphose durch Modulation usw.)
Welche Verknüpfungen sind durch Geräusch und Ton
erreichbar? (Z. B. »akustischer Film«, Geräuschhör-
spiele, musique concrète usw.)
Was gibt isoliertes Sprachmaterial her? (Assoziative
Verknüpfungen, statistische Reihungen, aleatorische
und permutative Folgen usw.)
In welcher Weise und wozu können Stimmen ver-
knüpft werden? (Fabelbestimmtes Personenspiel, Stim-
menpanorama, Stimmpantomime, Stimmausdrucks-
spiele konsekutiver oder diametraler Art, Konzert für
Stimmen usw.)
Jedem Element liegt eine eigene Logik zugrunde, ebenso jedem technischen Verfahren. Die Logik geräusch-
hafter Vorgänge braucht nicht in das Schema alltäg-
lichen Denkens zu passen. Die Methoden experimen-
teller Sprachstellung müssen nicht die gleichen sein
wie die assoziativer Phantasieabläufe. Das Spiel mit
Stimmen kann Zusammenhänge ins Bewußtsein treten
lassen, die das Raum-Zeit-Schema der Realität verdeckt. Durch Collage kann Heterogenes konfrontiert
werden. Ein weites Feld gestalterischer Entdeckungen
liegt offen. In der Regel wird jedoch gerade das Hörspiel auf die spezifischen Denk- und Erlebnisformen
des Menschen zurückgreifen, die von den optischen
Darstellungsspielen nicht abgedeckt werden können.
Den ganzen Umfang des Hörspiels beschreibt natür-

lich nur das Ensemble aller Elemente. Und es wird in
der Regel funktional gefragt werden, also z. B.: Welches technische Mittel ist der Spielidee adäquat? Mit
welchem Element läßt sich der Bereich, der Stoff, die
Welt, die dargestellt werden sollen, am besten er-
schließen? Wie können die anderen Elemente das
Spielgeschehen anreichern und abstützen?

Die Beschäftigung mit den Elementen des Hörspiels
schafft, wie ich glaube, eine gute Voraussetzung für
die kreative Arbeit und für die interpretatorische
Analyse, ohne daß der Versuch gemacht wird, das
Hörspiel auf eine vorgefaßte Meinung von dramaturgischen Gesetzen festzulegen. Die Formgesetze des
Hörspiels ergeben sich stets neu aus der Fähigkeit der
Produzenten, das Medium und die Elemente im Sinne
der eigenen Gestaltungsvorstellungen auszuschöpfen.

Technik

Mikrofon

Das augenfälligste Instrument für den Vorgang der Übertragung eines akustischen Ereignisses ist das Mikrofon. Sobald es irgendwo auf einem Bild oder in der Wirklichkeit auftaucht, glaubt jedermann sofort zu wissen, hier soll aufgenommen, vermittelt, übertragen werden. Das Gefühl der Authentizität, Aktualität und Öffentlichkeit stellt sich ein. Genau besehen ist das eine Täuschung. Definitiv ist das Mikrofon das Instrument für die Umwandlung von Schallenergie in elektrische Energie. Denn konkret vollzieht sich in ihm die Umsetzung einer Energieform in die andere; und wenn auch am Lautsprecherausgang die Verwandlung wieder rückgängig gemacht zu werden scheint, ist die akustische Erscheinung keineswegs identisch mit der ursprünglichen, selbst nicht bei einer Live-Übertragung. Mit dem Eingang ins Mikrofon wird das Schallereignis herausgenommen, herausgelöst aus seiner natürlichen Umgebung, in elektrische Spannungen umgewandelt und damit in verschiedener Weise verfügbar und modellierbar gemacht. Es wird ein neuer Aggregatzustand erreicht, der, ästhetisch-dramaturgisch gesehen, eine *völlig neue Darstellungsebene* eröffnet.

Der Eingang ins (monofone) Mikrofon bedeutet eine Herauslösung aus allen räumlichen Koordinaten und eine Einbeziehung in ein einsinniges, zeitlich strukturiertes, akustisches Kontinuum. Selbst Stereofonie und

Quadrofonie stellen keineswegs die ursprünglichen Raumverhältnisse und den Naturschall wieder her; und sogar die kopfbezogene Stereofonie (Kunstkopf-Aufnahme), die bei Benutzung von Kopfhörern durch den Empfänger den höchsten Annäherungsgrad an das natürliche Raumgefüge erzielt, erreicht nicht die Wiederherstellung des primären Schallereignisses. Es gibt Zonen geringerer Hörbarkeit, und die vermittelten Raumsignale sind nicht die ursprünglichen, sondern elektroakustische. Diese akustische Welt ist eine absolut technisch vermittelte.

Schlägt man den Katalog einer Radioelektronikfirma auf, so gibt es ein schier unübersehbares Angebot von verschiedenen Mikrofonarten. Sie unterscheiden sich zunächst durch ihre elektroakustischen Wandlerprinzipien. Die Umwandlung von Schall- in elektrische Energie erfolgt

1. durch Widerstands-Steuerung (Kohle-Mikrofon),
2. piezoelektrisch (Kristall-Mikrofon, keramisches Mikrofon),
3. elektromagnetisch (magnetisches Mikrofon),
4. elektrodynamisch (Tauchspulenmikrofon, Bändchenmikrofon),
5. elektrostatisch (Kondensator-Mikrofon).

Jedes dieser Mikrofone hat spezielle Eigenschaften und einen eigenen Anwendungsbereich. Vom Kohle-Mikrofon, das heute fast nur noch in der Fernmeldetechnik verwendet wird, bis zum Kondensator-Mikrofon, das für ein Optimum an Klangtreue bei Musikübertragungen bürgt, reicht die Skala. Da das Hörspiel grundsätzlich allen Realitätsebenen offen ist, hat es auch grundsätzlich für alle diese Mikrofonarten Verwendung. Daß in der Praxis im Studio beispielsweise das »minderwertige« Kohle-Mikrofon durch Frequenzbeschneidungen simuliert wird, hat zusammen mit anderen Routinepraktiken die Glätte mancher Hörspielinszenierungen zur Folge. Gute Toningenieure, die nicht nur auf die technisch einwandfreie Realisierung eines Hörspiels achten, sondern auch am künstlerischen Prozeß teilhaben, »schmekken« daher die Klangcharakteristik des jeweiligen Mikrofons ebenso ab, wie sie etwa den geforderten Abstand vom Mikrofon (nah, normal oder fern) kontrollieren.

Für die akustischen Perspektiven und die Aufstellung der Sprecher ist die Richtcharakteristik der Mikrofone wichtig. Druckempfänger mit Kugelcharakteristik nehmen den Schall von allen Seiten gleichmäßig auf. Sie sind für die Raumresonanz besonders empfänglich. Will man die Stimme eines Sprechers gegen hallige oder geräuscherfüllte Räume abschirmen oder die Sprache eines Redners in denselben Raum verstärkt übertragen, verwendet man Richtmikrofone mit Nieren- oder Keulencharakteristik. Die keulenförmige Aufnahmecharakteristik, die den Bündelungsgrad (gibt an, um wievielmal größer der einfallende Raumschall bei einem Kugelmikrofon wäre) eines Nierenmikrofons übertrifft, wird durch ein Richtrohr erreicht. Für Dialogaufnahmen sich gegenüber sitzender Gesprächspartner eignen sich Mikrofone mit Achtercharakteristik. So kann man schon durch Auswahl und Aufstellung der Mikrofone Wirkungsmöglichkeiten erzeugen, die von der strengen Isolierung einer Einzelstimme bis zum diffusen Ensemble eines Stimm-Geräusch-Ton-Gemischs gehen und den verschiedenen Aufnahmeabschnitten Grundtönungen mit-

geben, die sich gegeneinander absetzen oder inein-
anderfließen. In jedem Einzelfall ist neu zu entschei-
den, welches Mikrofon der artifiziellen Absicht am
meisten entspricht, so daß auch nicht-stationäre Mikrofone (Umhäng- oder Ansteckmikrofone) z. B. bei
Bewegungsvorgängen (Langstreckenläufer) Verwendung finden können.

Im *monofonen Aufnahme- und Wiedergabeverfahren*
gibt es nur ein Mikrofon oder – was auf dasselbe hin-
ausläuft –, sofern mehrere Mikrofone eingesetzt werden, nur einen Übertragungskanal und im Prinzip nur
einen Lautsprecher. Der punktuellen Aufnahme entspricht die punktuelle Ausstrahlung mit radialer Ausdehnung der Schallwellen. Gestützt werden Raumvorstellungen beim Hörer zwar von der Raumresonanz des Aufnahmeraums, die mitübertragen wird.
Aber dieser Nachhall, das Echo also, das Gegenstände
und Wände reflektieren, wird durch das einohrige
Mikrofon punktuell versammelt und ist nur Signal
einer vormals gegebenen räumlichen Ausdehnung.
Eine Orientierung im Raum – rechts/links, oben/unten,
vorne/hinten – ist nicht möglich. Allenfalls ein Eindruck von ›näher‹ oder ›weiter entfernt‹. Das Über-
tragene ist eindimensional, eine reine Zeitgestalt. Dessen ungeachtet entwickelt der Hörer, veranlaßt von
Text und Stimmausdruckshaltung der Sprecher,
Raumvorstellungen. Infolgedessen ist der Raum des
monofonen Hörspiels, sofern ein solcher überhaupt
angestrebt wird, im Nirgendwo des Vorstellungsver-
mögens, baut sich in der Phantasie des Hörers auf. Im
Extrem – und wie einige Theoretiker meinen, im
Idealfall – kommt aber die Vorstellung eines empirischen Raumes gar nicht auf, »dann nämlich, wenn

sich das Geschehen längere Zeit ohne erkennbare Akustik im ›Vordergrund‹, in ›akustischer Großaufnahme‹ abspielt: Dann hat sich der vermeinte Raum bis aufs engste zusammengezogen, bis in den Punkt, in den geometrischen Ort gewissermaßen, in dem der Raum in die Dimensionslosigkeit umschlägt, in der nun das Geschehen selbst die umfassende Wirklichkeit bildet und nicht mehr eine Handlung ist, die von den Kulissen eines empirischen Raumes umschlossen wird.

Dieser dimensionslose, empiriefreie Ort, den der monofone Hörfunk schaffen kann, ist der natürliche Ort rein intellektueller und seelischer Handlungen, [...] ist objektiver innerer Monolog.«[22]

Das dramaturgische Modell für diese vom monofonen Aufnahmeverfahren bereitgestellte Möglichkeit ist der Bewußtseinsstrom (stream of consciousness). Die Dramaturgie des Bewußtseinsstroms zielt auf die Einheit der Welt im Kopf des Autors, des Regisseurs, des Hörspielers und des Hörers. Die Dramaturgie der Blende (vgl. Unterkap. ›Mischpult‹) stellt das adäquate technische Verfahren bereit.

Für das *stereofone* Aufnahmeverfahren sind diese Möglichkeiten nicht mehr typisch. Der Blendvorgang wird erschwert, weil die räumlich errichtete Situation sich nicht ohne weiteres »abbauen« läßt. Der technische Fortschritt schafft neue Bedingungen, neue dramaturgische Überlegungen sind geboten[23]. Zunächst handelt es sich um nichts anderes, als daß, statt mit einem Mikrofon, die Aufnahme jetzt mit mindestens zwei Mikrofonen erfolgt und die Wiedergabe sich der entsprechenden Anzahl von Lautsprechern bedient. An Stelle des Einkanal-Systems sind zwei Kanäle getreten, an die Stelle der einohrigen Aufnah-

me die zweiohrige. Der Informationszuwachs hat zur
Folge, daß das akustische Geschehen jetzt in den
Raum vor den Hörer verlegt wird. Zwischen ihn und
das Geschehen legt sich eine räumliche Distanz. Dort
vor ihm in einem bestimmten Sektor spielt sich etwas
ab, was er zwar nicht sieht, was aber dessen ungeachtet örtlich wahrnehmbar ist – deutlich links, rechts, in
der Mitte und in gewissem Grad auch in der Tiefe des
Raums. Die Positionen der Stimmen oder besser der
Resonatoren lassen sich orten. – Richtungseindrücke,
die unsere Ohren empfangen, werden im wesentlichen
von Intensitäts- und Laufzeitunterschieden ausgelöst.
Unser linkes Ohr hört Schallereignisse, die von links
kommen, um Bruchteile von Sekunden früher als das
rechte, und ebenso ist es umgekehrt. Größere Lautstär-
ken von rechts oder links lassen die Schallquelle in der
jeweiligen Richtung annehmen.
Nach Anordnung der Mikrofone kann man zwei ge-
bräuchliche Verfahren unterscheiden:
1. Das AB-Verfahren geht davon aus, daß der Mensch
mit zwei Ohren hört, und benutzt deshalb zwei Auf-
nahmemikrofone. Hat die Schallquelle den gleichen
Abstand von jedem Mikrofon, so empfangen diese,
falls sie die gleiche Charakteristik haben, die akustischen Signale in gleicher Stärke und zu gleicher Zeit:
Der Eindruck der Mitte entsteht. Wandert die Schallquelle seitwärts, so liegt das von der Schallquelle ab-
gewandte »Ohr« ein wenig weiter entfernt und empfängt so den Schall etwas später (Laufzeit) und
schwächer (Intensität) als das andere. Wir registrieren
den Schall aus seitlicher Richtung. Die Wegstrecken
der Schallquelle und ihre Positionen sind auf die Auf-
nahmemikrofone bezogen. Das System der akustischen

Verhältnisse wird von den Lautsprechern abgestrahlt,
nicht die realen Abstände. Stehen die Lautsprecher
weiter auseinander, so vergrößern sich bei gleichblei-
benden Schalleindrücken die wahrnehmbaren Abstände der Schallquellenpositionen. Stimmen können dann
beispielsweise weiter voneinander entfernt gehört
werden, als sie bei der Aufnahme waren. Unter Umständen flüstert auf diese Weise einer auf drei Meter
Entfernung jemand etwas ins Ohr oder umgekehrt
ruft jemand auf kurze Distanz dem anderen etwas zu,
als sei der ein Schwerhöriger. Entscheidendes Merkmal
des AB-Verfahrens ist die Vereinigung der Intensitäts-
und Laufzeit-Stereofonie, auch *Phasenstereofonie* genannt.

2. Da die Phasenstereofonie eine Richtungssteuerung
der Schallsignale stark verkompliziert und für die
Lautsprecherwiedergabe keine unersetzlichen Vorteile
bietet, ist sie von der reinen *Intensitätssstereofonie* verdrängt worden. Zwei Mikrofone werden dabei so eng
zusammengesetzt, daß kein Laufzeit-(Phasen-)Unter-
schied entsteht. Diese Kombination zweier Mikrofone
auf einer Achse nennt man Koinzidenz-Mikrofon. Die
Intensitätsunterschiede ergeben sich aus der Richtcharakteristik der Mikrofone.

a) Dabei verwendet die X-Y-Stereofonie zwei gleich-
artige Richtmikrofone, die aber im Winkel (meist
90°) zueinander angeordnet sind, so daß das auf die
Schallquelle gerichtete Mikrofon die stärkeren Impulse registriert. Die X-Y-Anordnung liefert durch
die Addition des Y- und X-Signals (X + Y = M)
auch eine vollständige monaurale Toninformation
und ist damit voll kompatibel. Dennoch erfüllt die
X-Y-Stereofonie einen Gestaltungswunsch nicht: Ton

und Richtung können nicht getrennt gesteuert werden.

b) Gelöst wurde dieses Problem durch die M-S-(Mitte-Seite-)Stereofonie. Es handelt sich dabei mathematisch um die Summe und Differenz beider Kanalspannungen. Ein Mikrofon (beispielsweise mit Kugel- oder Nierencharakteristik) liefert die Mitten- (auch Ton-)Information, ein anderes (mit Achtercharakteristik) die Seiteninformation.

Auf diese Weise ist gewährleistet, daß der Toningenieur in der Stereofonie Raumwirkungen bestimmen, die Basisbreite dehnen und verengen kann und, unabhängig von der Aufnahmeposition der Schallquelle, Richtungen zu verschieben in der Lage ist, ohne daß er auf gesonderte Tonverarbeitung (Lautstärken- und Klangveränderungen) verzichten müßte.

Neben den genannten Anordnungen gibt es noch einige pseudo-stereofonische Verfahren und eine Reihe von Hilfsmitteln wie z. B. das Stützmikrofon, das die Schallinformation der beiden Basismikrofone ergänzt, wenn beispielsweise bestimmte Instrumentalgruppen aus dem Hintergrund orchestralen Geschehens deutlicher einbezogen werden sollen.

Für den Zuhörer hat die Stereofonie den Nachteil, daß er sich nicht mehr irgendwo in seinem Zimmer oder im Abhörraum niederlassen kann. Er muß, will er unverzerrt und positionsgenau hören, sich auf der Linie des gleichen Abstands von beiden Lautsprechern befinden, möglichst nicht zu nah an der Verbindungslinie zwischen beiden, aber auch nicht zu weit entfernt. Ideale Abhörmöglichkeit ergibt sich etwa in einer Entfernung, die der Basisbreite (Entfernung beider Lautsprecher) entspricht.

Die Sitzordnung, die in manchem einer Theaterauf-
führung ähnelt, hat bei den ersten Versuchen zu dem
Mißverständnis geführt, man habe sich wie bei einer
Guckkastenbühne mit geschlossenem Vorhang zu verhalten. Man hatte übersehen, daß der erzeugte Raum
nichts Beständiges von der Art der verläßlichen Ding-
welt der Bühne hat. Der räumliche Eindruck entsteht
vielmehr ausgelöst von einem akustischen Prozeß. Er
geschieht. Die Quellen sind die jeweiligen Schallerzeu-
ger – Stimmen, Instrumente, geräuscherzeugende
Gegenstände oder elektronische Geräte, die Klänge
herstellen. Ihre Positionen und der Reflex der Schallwellen im Raum werden registriert, verarbeitet und
wieder ausgestrahlt. Es kommt darauf an, die akustischen Bewegungen so anzulegen, daß eine Raumkom-
position zustande kommt.
Eine Art Choreographie bietet sich an. Denn die reine
Rechts-Links-Stereofonie mit Pingpong-Effekt ist
ästhetisch unbefriedigend. Bleiben die Schallquellen
statisch fixiert, wie Musiker im Orchester, so kann
man aus diesem Vergleich die Nutzanwendung ziehen
und sich ein orchestral geführtes akustisches Gebilde
vorstellen. Im Grunde reichen natürlich Vergleichs-
begriffe wie ›orchestral‹ und ›choreographisch‹ nicht
aus für das, was stereofone Produktion kennzeichnet
und was vielleicht als dramaturgische Komposition zu
bezeichnen wäre. Sie steht ständig vor zwei wesentlichen Aufgaben:
1. den immerfort leeren Raum bewegungsmäßig zu
   füllen,
2. ihn zum Klangkörper zu machen.
Konnte Richard Kolb noch vom monofonen Hörspiel
annehmen, »nicht der Mensch in Bewegung, sondern

die Bewegung im Menschen«[24] werde dargestellt, so könnte vordergründige Betrachtung meinen, jetzt, stereofonisch, sei es möglich geworden, die Bewegung des Menschen im Raum zu zeigen. Die Stereofonie führt aber nicht bewegte Menschen vor, sondern Stimmen, Wörter, Geräusche und Töne in Positionen und in Bewegung. Da können sich dann freilich auch, ausgelöst von Bewegungsverläufen und Stimmen, Vorstellungen von bewegten Menschen bilden oder vor uns sich die nach außen gestülpten akustischen Signale einer inneren Welt entladen; aber das sind nicht unbedingt die Spezialitäten dieses technischen Verfahrens. Eher sind es die Verflechtungen der Stimmen, ihr Aufeinanderbezogensein, ihr Für- und Gegeneinander, ihre Selbstbehauptung im Raum. Die monofone Aufnahme tendierte aus technischen und ästhetischen Gründen zum Understatement. Seit es Stereofonie gibt, ist wieder so etwas wie raumbeherrschende Stimme, ist Pathos, ist extensives Sprechen möglich geworden – ja, plakatives Herausstellen, aber auch das Stellungsspiel von Gruppen und Chören, ihre Konfrontation oder ihre vielfachen Beziehungen und Mischungen miteinander. Ein konkaves »Relief« eines akustischen Weltausschnitts bietet sich dar.

Das Rundum der akustischen Welt, nicht nur einen Raumsektor, gibt die konsequente *kopfbezogene Stereofonie* wieder. Ihr Aufnahmegerät ist der *Kunstkopf*, der den menschlichen Hörvorgang möglichst naturgetreu nachbildet. Verwendet der Hörer Kopfhörer, so befindet er sich mitten in der übertragenen akustischen Welt. Gegenüber Kunstkopf-Anordnungen, wie sie bisher experimentell gebräuchlich waren, enthält dieser Kunstkopf folgende Änderungen (nach Kürer, Plenge und Wilkens)[25]:

1. Anstelle der meistverwendeten Kugel mit etwa 20 cm ⌀ genaue Nachbildung der Form eines menschlichen Kopfes.

2. Anstelle der Mikrofonmembranen am Ort des Ohrkanaleinganges genaue Nachbildung einer Ohrmuschel und des Ohrkanales bis zum Trommelfell.

3. Abschluß des Ohrkanals unter Einbezug der Mikrofonmembrane durch eine akustische Impedanz, die so wirkt, daß bei der Wiedergabe der Schalldruck am Trommelfell dem des natürlichen Hörens entspricht.

4. Grobe Nachbildung des menschlichen Oberkörpers.

Es ist damit zu rechnen, daß noch weitere Annäherungen an die akustischen Eigenschaften des menschlichen Organismus eingeführt werden. Der erste entscheidende Schritt ist sicherlich getan. Die Leistungsfähigkeit der Kunstkopf-Übertragungsmethode zeigt sich in wesentlichen Verbesserungen und in einem neuen Status des Hörers. Weitgehend an die natürlichen Gegebenheiten angenähert werden wiedergegeben:

»Richtungseindrücke inklusive solcher aus der Scheitelebene (rechts, links, oben, hinten, teilweise vorn)

Klangfarben

Nachhallverhältnisse

Entfernungseindrücke

räumliche Ausdehnung der Schallquellen.«[25]

Nimmt man den Hörer als Adressaten, so ist die konsequente kopfbezogene Stereofonie homozentrisch. Die Stereofonie hatte ihn zum außenstehenden »Betrachter« gemacht, die Monofonie zum Übersetzer

akustischer Zeichen. Die Verbesserungen der kopfbe-
zogenen Stereofonie hinsichtlich der Abbildung räumlicher Verhältnisse sind bedeutend, wenn man bedenkt,
daß beim Stereoverfahren Schalleindrücke stets von
vorn kommen, die Richtungsabbildung in der Hori-
zontalebene beschränkt ist, Oben und Unten nicht
existieren und Rauminformationen vergleichsweise ge-
ring bleiben. Die Schallquellen selbst allerdings werden von den gebräuchlichen Verfahren der Monofonie, Stereo- und Quadrofonie in einer die Realität
übertreffenden Deutlichkeit präsent gemacht. Bei diesen herkömmlichen Verfahren ist »der Lautsprecher
Repräsentant des Sprechers oder des musikalischen
Instruments; die Schallquelle ist in den Zuhörerraum
versetzt worden« (Georg Plenge)[26]. Stimmen und
Schallquellen behalten immer etwas von der raum-
losen Punktualität der Monofonie, selbst wenn sie
stereofon oder auch quadrofon choreographisch bewegt werden. Diese Verfahren zeichnen Stimmen ab,
die in das Wohnzimmer oder in den Abhörraum ein-
gespielt werden. Die konsequente kopfbezogene Stereofonie dagegen umgibt den Hörer theoretisch mit
einem vollständigen Hörraum. Praktisch, d. h. nach
dem gegenwärtigen Stand, hört allerdings der Hörer
nach vorn – ins Gesichtsfeld – noch unzureichend,
nach unten übrigens auch. Das mag an der noch immer unvollständigen Nachbildung des Kunstkopfes
liegen, kann aber auch daher rühren, daß der Kunstkopf nicht wie der menschliche Kopf durch ständige
Bewegungen den Hörraum unter immer neuen Win-
keln abtastet. Schließlich ist der gewohnheitsmäßige
Konsensus der Sinne zu bedenken, der uns veranlaßt,
bei Schallquellen von vorn mit der Sichtbarkeit der

Schallquelle zu rechnen. Gegenwärtig liefert das kopfbezogene Verfahren brauchbare Ergebnisse nur dann,
wenn der Hörer mit Kopfhörern ausgestattet ist.
Dann allerdings gilt, was Georg Plenge sagt: »Wir
haben nicht die Schallquellen in sein Zimmer geholt,
wir haben seine Ohren in den Aufnahmeraum gebracht.«[27] Der Hörer hört mit den Ohren, die am
Kunstkopf angebracht sind, deren akustische Eindrücke er nun empfängt. Der Kopfhörer schaltet seine
eigenen Ohrmuscheln aus.
Für die Dramaturgie bedeutet das Rundumhören des
Hörers, der nun selber sozusagen in der Mitte der
Manege sitzt, während sich das akustische »Theater«
oder besser das kosmische Planetarium akustischer
Signale um ihn herum bewegt, neuerliche Überlegungen. Es gilt beispielsweise zu erproben, wie der Zu-
gewinn an natürlichem Raumklang mit der artifiziellen Raumgestaltung zu kombinieren und wie der jetzt
allseitig orientierte Hörer anzusprechen ist. Festzuhal-
ten bleibt dennoch, daß auch die Totalität der akustischen Umwelt, die Verräumlichung des Hörens, den
Unterschied zur kombinierten Seh- und Hörwelt
nicht aufhebt. Nur, was sich bewegt, was schwingt,
was Resonanz erzeugt, was erschallt, auftaucht und
wieder abklingt, ist registrierbar. Nichts Festes und
Beständiges wie Körper, Dinge, Bilder, Kulissen und
dergleichen ist vorhanden. Trotzdem ist eine deutliche
Wandlung von der Zeichenhaftigkeit der monofonen
Ausstrahlung zur Anwesenheit akustischer Gegen-
stände erkennbar. Das hat bei einigen Experten (z. B.
Ulrich Gerhardt) zu der Ansicht geführt, daß das
Hörspiel auf dem Wege zur größeren Realistik sei.
Ganz sicher ist beispielsweise dem Reporter mit dem

Kunstkopf ein Instrument gegeben, den Zuhörer noch
unmittelbarer beim Geschehen dabeisein zu lassen, als
das bisher geschah. Daraus ergeben sich auch neue
Möglichkeiten für das Originaltonhörspiel. Mitten im
Geschehen zu sein, mitten in einer Massenbewegung
z. B., ist für den Hörer jetzt normal. Die betrachtende
Distanz zu etwa stereofonisch vor uns projizierten
Abläufen wird abgebaut. Der Sprecher kann dem
Hörer direkt ins Ohr flüstern, ja in bestimmten Fällen
in seinem Kopf sein, oder Stimmen und Geräusche
können aus unendlich scheinenden Weiten kommen.
Das hat gleich anfangs zu Spielen geführt, die den
Vorgang des Einflüsterns oder Hypnotisierens imitier-
ten. Bei *Mandala* von Karlhans Frank (Saarl. Rundfunk) liegen die größten Raumunterschiede zwischen
dem punktuellen Einflüsterer im Hinterkopf und einem Feuerwerk, das Peter Leonhard Braun in der Neu-
jahrsnacht mit einem auf einer Stange über seinem
Haus befestigten Kunstkopf aufnahm, das aber im
Zusammenhang des artifiziellen Spiels wie ein Befrei-
ungsakt aus den Fesseln räumlicher Bindungen wirkt.
Überhaupt sind beim Kunstkopf-Verfahren die Stu-
diobedingungen, die obligatorisch von drei Raumver-
hältnissen ausgehen (Zimmerakustik, schalltoter
Raum und Hallraum, der heute durch die Hallplatte
simuliert wird), noch weniger zureichend, als sie das
bisher waren. Originalräume, vor allem Riesenräume
und Aufnahmen im Freien, werden von den Regisseuren bevorzugt. Die Bewegung akustischer Signale und
Zeichen im Raum und das Spiel mit Räumen haben
ein neues Feld gefunden. So werden Raumschichtun-
gen dramaturgisch wichtig oder auch Ausweitungen
von der engen Atmosphäre einer Zelle bis hinaus ins

Planetarische. Knillis Vorschlag von Raumklangspielen ließe sich jetzt erweitern zu dem von akustischen Raumspielen.

Tonband

Durch das Aufzeichnungsverfahren der Tonbandtechnik ist die Hörspielproduktion in ein neues Stadium getreten. Denn das Tonband ist nicht nur Speicherungsmittel, nicht nur Konservenbüchse für eine vorher zubereitete akustische Mischung – es ist selbst auch ein Gestaltungsmittel. Zunächst hat es natürlich die Produktion und Wiedergabe des Hörspiels zeitlich unabhängig gemacht. Wurde früher live gesendet, so ist heute mit wenigen Ausnahmen die Bandaufnahme Grundlage der Übermittlung. Die Trauer, die manchen alten Rundfunkhasen wegen des Ausfalls der Unmittelbarkeit beim Übergang zu dieser Technik befiel, ist nur zum Teil begründet. Erstens hat die Tonbandtechnik die künstlerische Arbeit vom Zufall unabhängiger gemacht und sie damit in vielen Fällen erst ermöglicht; zweitens sind im technischen Bereich neue Gestaltungsmöglichkeiten erschlossen worden; und drittens ist der Live-Charakter dort, wo er wichtig ist, keineswegs ganz verdrängt. Die kurzfristige Aufnahmepraxis im Studio, die es dem Schauspieler nicht ermöglicht, wie beim Theater einen Text auszustudieren, verlangt von ihm immer noch eine improvisatorische Haltung. Der Vorzug des Tonbands ist es nun, daß man unter mehreren Aufnahmen die gelungenste auswählen kann, womit sozusagen der beste Zu-

fall prämiert wird. Außerdem ist die Übermittlung
zum Hörer in jedem Fall eine mittelbare; was weg-
gefallen ist, ist nur die Gleichzeitigkeit der Produktion und der Sendung. Das spielt aber für den Hörer
kaum eine Rolle. Da Schallereignisse ohnehin immer
Augenblicksereignisse sind, dem Zeitstrom verfallen,
ist eine Hörspielsendung gewissermaßen zur Unmittelbarkeit verurteilt. Was aber vielleicht noch wichtiger
ist als der Live-Charakter einer gleichzeitigen Inszenierung: Die Tonbandaufnahme hat gerade die Verwendung von Originalgeräuschen, Tondokumenten
und Musikpassagen, seien sie nun elektronischer oder
instrumentaler Art, in genau auszuwählender Abstim-
mung erst ermöglicht und damit für extreme Ausformungen des zeitgenössischen Hörspiels wie beispielsweise des O-Ton-Hörspiels (Originalton-Collage) die
Voraussetzung geschaffen. Live-Ereignisse werden
Funktionsteile eines künstlerischen Arrangements.
Das technische Prinzip der Tonbandbespielung ist die
Verwandlung von elektrischen Informationen in mag-
netische. Daher spricht man ja auch von der Ma-
gnettontechnik. Erste Hinweise auf diese Technik gab
schon 1888 Oberlin Smith, und um 1900 führte der
dänische Funkpionier Valdemar Poulsen auf der Pariser Weltausstellung sein Tonaufzeichnungsgerät »Te-
legraphon« vor, das einen Stahldraht als Schallträger
verwendete. Da der Draht die Schwingungen nur ver-
hältnismäßig schwach aufnimmt, verwendet man
heute allgemein das Tonband, das unter anderen Vor-
teilen auch den der Möglichkeit von Eingriffen durch
Schneiden und Kleben gebracht hat. Auf dem Tonbandgerät wird das Band an den Lösch-, Aufnahme-
und Wiedergabeköpfen vorbeigeführt. Der Auf-

nahmekopf prägt die Magnetschicht des dünnen
Kunststoffbandes gemäß der ihm eingegebenen elek-
tromagnetischen Informationen. Aus einem Schwin-
gungsvorgang wird eine statische Struktur. Nunmehr
liegt ein Schallvorgang jederzeit griffbereit in gleichsam verdinglichter Form vor. Daraus ergeben sich
eine Reihe von Verwendungsmöglichkeiten. Das ge-
speicherte Schallmaterial kann durch Vorbeiführen
am Wiedergabekopf schlicht wiederholt werden, man
kann es aber auch durch mancherlei Eingriffe und
neue Kombinationen in dramaturgischer und kompositorischer Absicht verändern. Schließlich garantiert
der Löschkopf das Löschen des aufgeprägten Musters
und damit die Wiederverwendbarkeit des Tonban-
des.
In den Studios der ARD-Rundfunkanstalten dauert
eine Hörspielproduktion für gewöhnlich eine Woche
(fünf Arbeitstage). Davon benötigt man meist mehr
als die Hälfte für die *Montage*. Unter Montage versteht man die Auswahl und Bearbeitung und schließlich das Zusammenstellen der vorhandenen Aufnahmen. Alle diese Arbeitsgänge beruhen auf der freien
Verfügbarkeit des Tonbandmaterials. Oft, bei besonders differenzierten technischen Arbeiten, nimmt der
Montage-, Schnitt- und Verblendvorgang weit mehr
Tage in Anspruch als die Sprecheraufnahmen; ja, es
kann im Extremfall sich die ganze Autoren- und
Regiearbeit auf solche technischen Verarbeitungs-
gänge konzentrieren.
Montage im engeren Sinn ist das Aneinanderkleben
ausgewählter Bandabschnitte. Es setzt meist den
Schnitt voraus. Diese einfachen Arbeitsgänge – Bän-
der durchschneiden und in neuen Zuordnungen wieder

zusammenkleben – können dramaturgisch und aus-
drucksmäßig weitreichende Folgen haben. Hier ist
wieder einer der Punkte, an denen es sich zeigt, wie
die Elementenlehre in die Formenlehre umschlägt.
Denn Schnitt und Montage können den Ausdrucks-
moment, aber auch die Gesamtstruktur eines Hörspiels
betreffen.

Beim »Feinschnitt« geht es im Studio darum, eine
Rohmontage nach ästhetischen Gesichtspunkten sende-
fertig zu machen. Fehlerstellen werden herausgeschnit-
ten, zu lange Pausen gekürzt, zu kurze verlängert.
Schneidet man einen Atemzug zwischen zwei Wörtern
heraus, so kann das einfach Kosmetik sein: ein über-
flüssiger Schnaufer wird beseitigt. Man kann damit
aber auch das Tempo beschleunigen oder einen anderen Gedanken- oder Gefühlsakzent setzen. Schneidet
man sämtliche Atemzüge eines Takes heraus, so daß
die Rede in atemloser Folge abläuft, so erreicht man
einen Verfremdungseffekt, der ohne Filterung den
Eindruck einer Gedankenkette erweckt; denn unsere
Gedanken machen keine Atempausen. Man hat auf
diese Weise die Realitätsebene gewechselt. Ganze
Takes können härter aneinandergeschnitten werden,
was die Gangart des Spiels energischer, wenn nicht
aggressiver erscheinen läßt. Fast jeder Regisseur
kennt weitere Kunstgriffe, mit denen er durch
Schnittmethoden bewußt Akzentuierungen bewirkt.

Mit Hilfe der Montage ist schließlich die Dramaturgie
in der Lage, spielbestimmende Eingriffe vorzunehmen
oder sie gar als Methode der Verknüpfung des Ge-
samthörspiels einzusetzen. Von manchen, z. B. von
der sowjetischen Rundfunktheoretikerin Tatjana
Martschenko, wird die Montage sogar als »das eigent-

liche und wesentliche Gestaltungsprinzip des Hörspiels«[28] angesehen. Freilich zählt Tatjana Martschenko
auch alle Mischverfahren, z. B. die Blende, zur Montage, geht also über deren engeren Begriff hinaus.
Ihre Grundeinsicht »montagehaft ist das menschliche
Denken selbst« steckt den Rahmen ab, innerhalb dessen sie dieses Verfahren für möglich hält. Ihre Überlegungen stützen sich auf Eisensteins und Pudowkins
am Film orientierter Theorie der Montage als der
»rationalen, sinnvollen und zweckdienlichen Zusam-
menfügung von Ausschnitten, Details, Bruchstücken,
die keine bloße Summe ergibt, sondern eine neue Qualität hervorbringt«. Trotz ihrer Gewährsleute erliegt
Martschenko nicht, wie es vereinzelt hierzulande geschieht, der Versuchung, die Montage von Film und
Hörspiel über einen Kamm zu scheren. Sie ist sich bewußt, daß es zu klären gilt, »was montiert wird, welches die Eigenarten des Baumaterials sind«, aus dem
die jeweilige Kunstart sich zusammensetzt; und das
sind im Hörspiel nun einmal die akustischen Elemente.
Vergleiche dagegen scheut sie nicht. Die Funkmontage
läßt sich nach ihr realisieren »durch ›reine‹ Pause
(Blende beim Film), durch Mischblende (Überblen-
dung beim Film), durch Sprecher- oder Erzählertext
(analog zu Titel und Kommentar unter Bild in der
Kinematografie), mittels Geräuschkulisse und Pause
(Landschaft u. ä. beim Film), über die Musik (beim
Film desgleichen), durch Wechsel der Tonperspektive,
des Standorts der Schallquelle (Einstellung, Perspek-
tive beim Film) usw.« Martschenko sieht wie andere
Theoretiker vor ihr die eminente Fülle von Möglich-
keiten, die Schnitt, Montage und Blende bieten: »die
Auflösung der Zeit, ihre Raffung und Dehnung,

Sprünge vor- und rückwärts«, die Simultanität von
vergangenem und gegenwärtigem Geschehen, Kon-
trast- und Assoziationswirkungen. Und sie stellt fest,
daß dies durchaus nicht Domäne allein des Funkthea-
ters ist. Aber für die Funkbühne sind diese Verfahren
»besonders organisch, denn zügig-montagehaft ist
unser Denken selbst, es ist montagehafter als jegliche
sichtbare Handlung. Wollte ein Autor versuchen, die
Bildseite eines Bühnenstückes oder eines Spielfilms der
Montage-Logik des unmittelbaren Denkens unterzu-
ordnen, so bekäme es der Zuschauer mit einem Chaos
zu tun, das sich der Wahrnehmung und Erfassung ent-
zöge. Das Hörspiel aber ist eher in der Lage, dem
Lauf des subjektiven Gedankens zu folgen.«
Die Quintessenz solcher Überlegungen läuft auf eine
Dramaturgie des Bewußtseinsstroms hinaus, in der das
menschliche Denken selbst zum Helden des Spiels
wird. Die Bandaufnahmetechnik erschließt nach
Martschenko »dem Funktheater unerschöpfliche Po-
tenzen für die psychologische, soziale und geschichts-
philosophische Erforschung der menschlichen Persönlichkeit«.[29]
Die eigenwillige Kraft der Montage als *Collage* zieht
Martschenko allerdings nicht in Betracht, weil sie jegliche Montage auf die Zwangsläufigkeiten gründet,
die von der menschlichen Vorstellungskraft gesteuert
werden. Mit der trainierten und einem inneren Be-
dürfnis entsprechenden Gewohnheit des Denkens,
schlüssige Zusammenhänge herzustellen, wird der
Schnitt, der genau besehen ein Trennverfahren ist,
überspielt. Die Collage (wörtlich: das Ankleben) be-
läßt dagegen dem Schnitt seine Funktion. Mit ihr
kommt man zwischen die Buchstaben, die Silben, die

Wörter, die Satzteile, die Sätze, die Situationen, die akustischen Erscheinungen. Ab- und Anschneiden erlaubt es, zwischen den Ablauf, zwischen die Syntax, zwischen die Handlung zu kommen, aufzubrechen, das Schlüssige (nun nicht mehr Schlüssige) in Frage zu stellen. Die Collage fügt das Unvereinbare zusammen.

Franz Mon exemplifiziert die Collage an »Lautréamonts berühmt gewordenem Modell einer neuen Poesie, die sich in der Begegnung einer Nähmaschine und eines Regenschirms auf einem Seziertisch ereignet«, und sagt: »Das Entfernteste könnte das sein, was am dichtesten zusammengehört«[30]. Die Collage als analytisches Verfahren benutzt meist vorgefundenes Material, seien es nun Texte, Sprechfloskeln oder akustische Dokumente. Ziel dieses Arbeitsverfahrens ist es in der Regel, gespeichertes Material aufzuschlitzen, damit ein neuer Aspekt zum Vorschein kommt, es so anzuordnen, daß seine zweite Bedeutung, wenn nicht gar seine dritte und vierte hörbar wird. Nicht Vermittlung »objektiver« Tatbestände, wie sie der Reporter anstrebt, nicht Reproduktion des eigenen Vorstellungsverlaufs ist der Hauptzweck, sondern eine neue Sicht. Am häufigsten sind bisher Collageverfahren in kritischer Absicht zur Anwendung gekommen.

Franz Mon nimmt die Sprachelemente selbst als Dokumente, und es gelingt ihm, zwischen die Wörter zu kommen, so daß man das Gras immanenter Gewalttätigkeit wachsen hört (*das gras wies wächst*)[31]. Ludwig Harig (*Staatsbegräbnisse*)[32] schneidet und collagiert die Reden, die aus Anlaß des Begräbnisses von Konrad Adenauer und Walter Ulbricht gehalten wurden, derart, daß die floskelhafte Leere und die sprachgeregelte Gefühligkeit darin zum Vorschein kommt. Er läßt die Sprecher nicht ausreden, wiederholt charakteristische Aussprüche, setzt Widersprüchliches nebeneinander und kontrastiert hohles Pathos mit funktionalem Berufsjargon. Wolf Wondratschek nimmt die Vorstellung von einem Hörspiel auseinander, indem er die auf eine Person und auf eine Fabel gerichtete Erwartung des Hörers einesteils nährt, dann aber doch nicht erfüllt *(Paul oder die Zerstörung eines Hörbeispiels)*[33]. Umgekehrt verfährt Wilhelm Genazino, wenn er aus lauter Zeitungsanzeigen das Bild eines synthetischen Karrieremannes zusammensetzt *(Rede an die Senkrechtstarter)*[34]. Die Reihung der gleichen Satzstruktur (Peter Handke, *Weissagung*[35]), verschiedener Äußerungen zum gleichen Thema (Jürgen Becker, *Häuser*; *Bilder*; *Hausfreunde*[36]; Paul Wühr, *Preislied*[37]) und verwandter Situationen (Kay Hoff, *Im Durchschnitt*[38]) hat im Gegensatz zur Bestätigungsfunktion der Statistik eine Infragestellung des Gezeigten zur Folge. Gleichgültig, ob Disparates collagiert wird oder das monoton Gleiche, immer ist solchem Nebeneinander eine auffallende Nähe zur Realität eigen. In der Collage tritt der Autor den Widersprüchen der Wirklichkeit und der unendlichen Vielfalt der Phänomene sozusagen unmittelbar gegenüber und gibt nicht vor, daß sein Kopf groß genug sei, alles zu wissen und alles zu denken, was möglich ist. »An die Stelle des geschlossenen Sinnzusammenhangs ist das Funktionsgeflecht getreten, das seine Elemente in *einer* Hinsicht beansprucht, in allen anderen aber unangetastet läßt.«[39]

Mischpult

Im Mischpult laufen die Kanäle der Mikrofone und anderen Signal-Quellen wie Tonbandgeräte (Maschinen), Plattenspieler und Tuner (Radiogerät) zusammen. Angeschlossen oder eingebaut sind Verstärker, Filter und Modulatoren, sowie die verschiedenen elektrischen Klangerzeugungs- und Verformungsinstrumente. Am Mischpult sitzt im Rundfunkstudio der Toningenieur, ihm zur Seite, vor oder hinter ihm, der Regisseur. Daraus geht hervor, daß hier das inszenatorische Dirigierpult ist, von dem aus die technischen und darstellerischen Impulse gesteuert, kombiniert und komponiert werden.

Schon relativ einfache, für Tonbandamateure oder Diskotheken zusammengestellte Mischpulte enthalten folgende Bausteine: Netzteil (Stromversorgung), Mischkanal für Mikrofon, Mischkanal für Tonbandgerät, Mischkanal für Plattenspieler, Summenkanal. Die Anzahl der einzelnen Kanaltypen richtet sich nach der Aufgabenstellung. So wird ein Diskotheken-Arrangement sicher mehr als einen Plattenspielerkanal enthalten. Ein Mischpult in einem relativ kleinen Rundfunkstudio (Saarländischer Rundfunk) umfaßt:

24 Einzelregler (= 12 Stereoregler)
2 Summenregler (= 1 Summenstereoregler)
3 Einspielwege
12 Mikrofonverstärker
1 Kreuzschienenfeld, das die verschiedenen Kanäle verbinden und kombinieren kann. Mit: 20 Stereoeingängen, 16 Richtungsreglern, 4 Richtungsmischern, 6 steilen Filtern, 4 Begrenzerkompressoren.

Mit Hilfe der Vor- und Hinterreglerschalter kann
eine n-1-Anlage benutzt werden, die es jedem Sprecher ermöglicht, die anderen Räume zu hören (auch
Zuspielbänder, aber die eigene Stimme nicht). Vom
Tonträgerraum her sind vier Zuspielmaschinen, eine
Aufnahmemaschine und drei Kassettenmaschinen an
das Mischpult angeschlossen.

Mit Hilfe dieses Instrumentariums werden die aufge-
nommenen Schallvorgänge gesteuert, d. h. Lautstär-
ken werden verändert und ausbalanciert, Töne und
Geräusche gefiltert oder modelliert und über den
Summenregler gemischt und ausgesteuert.

Lange Zeit galt die *Blende*, der schlichte Vorgang des
Öffnens und Schließens des End- oder Summenreglers,
als das entscheidende Kunstmittel des Hörspiels[40]. Das
Lauter- und Leiserwerden des Schallvorgangs wurde
als Kunst der Blende, als »Atem des Hörspiels«[41] ver-
herrlicht. In der Tat ist es erstaunlich, in wievielerlei
Funktionen dieser Vorgang angewendet werden kann.
Für die Situationsfolge des Fabelhörspiels ist er meist
unentbehrlich. »Einblenden? Was ist das? Was geschieht,
wenn im Hörspiel eine Blende aufgeht, d. h. der Ton-
techniker den Regler öffnet?« fragt Heinz Schwitzke.
Und er gibt sich die Antwort: »Ein Nichts, ein akustischer Raum, der leer ist, den man aber gleichwohl mit
den Ohren wahrnehmen kann, ist da – und damit ein
potentieller Raum für Klänge und Stimmen, der dem
potentiellen Raum für Bilder in unserer Phantasie
seltsam genau entspricht. Jedes Wort, das in diesen
Raum fällt, füllt ihn nun mehr und mehr, ähnlich wie
sich im Traum der leere Raum bewußtlosen Däm-
merns mit Licht und Bewegung zu füllen vermag;
aber jede Stille läßt diesen Raum auch sogleich wieder

dunkler und leerer werden. Sein Inhalt fließt, wenn nicht neue Anstöße folgen, immerfort auseinander und verdünnt sich, um sich, angeregt durch neue Hörbarkeiten, erneut zu kondensieren.

Dies ist der Atem des Hörspiels. Das Schließen des Reglers aber, bei dem nicht nur die Inhalte des Raums verschwinden, sondern der Raum selber, ist der Hörspielschluß – oder es ist nur ein Durchgangspunkt zum Öffnen eines neuen Raums, ein Umkippunkt von einem Bild zum anderen.«[42]

Die hier beschriebenen Vorgänge sind auf vier Grundmuster zurückzuführen: Einblenden, Ausblenden, Überblenden und Durchblenden, wobei Überblenden die Folge von Aus- und Einblenden benennt, während Durchblenden einen zeitweiligen Simultanverlauf des Ausblendgeschehens mit dem Einblendgeschehen bezeichnet. Nicht erwähnt werden die kompositorischen Möglichkeiten der Blende im Schall- und Stimmenspiel. Inhaltlich gesehen, ermöglicht die Blende Bewegungen in Raum und Zeit und zwischen Dimensionen.

1. Die Raumblende: Raumbewegungen können innerhalb eines Raumes vollzogen werden, z. B. vom Hintergrund in den Vordergrund durch Aufblenden eines Kanals, oder umgekehrt. Der vom Theater her bekannte Auftritt, der im Hörspiel schwer erkennbar gemacht werden kann, wird auf diese Weise simuliert. Möglich sind ebenso Bewegungen von einem Raum in den anderen oder das Auftauchen von Stimmen im ortlosen Spiel.

2. Die Dimensionsblende: verbindet die verschiedenen Daseinsschichten oder hebt sie voneinander ab. Verdeutlicht wird der Dimensionswechsel oft mit Hilfe von Filterungen, auch Verzerrungen genannt. Ein

frühes Beispiel für die Dimensionsblende findet sich
in Walter Erich Schäfers *Malmgreen* (1929). Dort
gibt es eine Blendbewegung von der realen Sprech-
zur Gedankenebene und wieder zurück. In den inneren Monolog Malmgreens, der kurz vorm Erfrieren im
Schnee liegt, blenden die Gespräche der Suchmann-
schaft ein. Es entwickelt sich eine Korrespondenz
zwischen Denkstimme und realen Stimmen. Es versteht sich, daß hierbei, wie auch bei den anderen
Blendvorgängen, die jeweilige Ausdruckshaltung der
Stimme eine wesentliche Rolle spielt, so daß der
Blendvorgang nicht selten ohne technische Hilfe allein
von den Stimmen geleistet wird.

3. Die Zeitblende: Sie kann eine Vor-, eine Rück-
oder eine Simultanblende sein. Die Zeitblende, die
ihrer Natur nach oft epische Züge trägt, wird in der
Regel vom Text vorbereitet und getragen. Denn Zeit-
sprünge lassen sich seltener durch akustische Signale
charakterisieren als das bei Ortswechseln der Fall ist.
Im schnellen Aufeinander können Zeitblenden zeit-
raffend Handlungen auf kürzeste Zeiträume zusam-
mendrängen.

4. Kompositions- oder Ausdrucksblende: Im Schall-
und Stimmenspiel können die Kanäle durch Blenden
wie Instrumente eines Orchesters dirigiert werden. Je
nachdem, welche akustischen Elemente und wie diese
durch Blenden bewegt und kombiniert werden, ergeben sich Kompositionsmuster, Verknüpfungen,
Kontraste und Akzente.

Besonders im monofonen Aufnahmeverfahren sind
Blendbewegungen auf Grund der Unräumlichkeit des
Dargebotenen in unzählbaren Variationen möglich.
Dagegen sind die Raum- und Zeitblenden im stereo-

fonen Aufnahme- und Übertragungsverfahren weit schwieriger zu bewerkstelligen, weil die, wenn auch unsichtbar, aber doch ortbar errichtete szenische Konstellation vor dem Zuhörer nicht mit der gleichen Leichtigkeit abgebaut und von einer neuen ersetzt werden kann wie im monofonen Hörspiel.

Der Blendvorgang als Lautstärkenanhebung und -senkung beruht auf Amplitudenverstärkung des gesamten Schallvorgangs. Eingriffe in Form von Aussonderung, Anhebung und Bedämpfung einzelner Klangteile werden durch *Filter* oder auch Entzerrer besorgt. Es gibt Tiefpaß- und Hochpaßfilter, also solche, die nur die tiefen oder die hohen Anteile eines Stimmklangs durchlassen, Bandpaßfilter, die Obertongruppen eines Klangs beschneiden und bewirken, daß eine Stimme »mechanisch« klingt. Spezialformen davon sind u. a.: Terzsiebe, Oktavsiebe, Albis- und Analysatorfilter, die jeweils bestimmte Klangbreiten aussperren – beispielsweise eine Terz oder eine Oktave.

Alle diese Filter-, Bedämpfungs- und Verzerrungsverfahren sind hinsichtlich der Stimme Verfremdungs- und Gestaltungsmöglichkeiten, die weit über das hinausgehen, was man im Theater vernünftigerweise tun kann.

Die Verfügbarkeit der Stimme, der Töne und Geräusche ist nur begrenzt von den Gesetzen der Akustik und gewissen Einschränkungen der Technik. Jeder Besitzer eines Tonbandgeräts ist in der Lage, falls er es nicht hört, auf seiner Meßskala eine Übersteuerung, d. h. einen überlauten Toneinfall, der zu Verzerrungen führt, festzustellen. Diesen wird, wenn sie nicht in der darstellerischen Absicht liegen, durch Begrenzer und Kompressoren entgegengewirkt.

Weiter noch als lineare Verzerrungen, die, wie Friedrich Knilli schreibt, »Bedämpfungsverfahren« sind, aber auch Anhebungen, indem sie »einzelne Frequenzbereiche bzw. Tonlagen, Höhen, Tiefen, Anteile eines Schalls« unterdrücken bzw. anheben, geht die »nichtlineare Verzerrung«. »Die Klangfarbe des Schallvorgangs, eine Eigentümlichkeit seiner Obertöne« wird dabei durch die Hinzufügung neuer Obertöne grundlegend verändert. »Nichtlineare verzerrende Systeme überlagern z. B. einen obertonfreien und reinen Sinuston mit zahlreichen harmonischen Obertönen und erzeugen so ein völlig neues Klangmuster.«[43] Je nach Anwendungsbereich solcher nichtlinearer Verzerrungen, Ton- und Klangerzeugungen und ihrer Mischung und »Verpfriemelung« (Studio-Jargon) ist der dramaturgische Einsatz möglich. Durch Stimmbeeinflussung, -wandlung und -erzeugung erfährt das Spiel für Stimmen eine noch längst nicht ausgeschöpfte Bereicherung. Künstliche Kehlköpfe und andere Stimmwandler, Kombinierer und Erzeuger erweitern die Ausdrucksmöglichkeiten der Stimme. Mir ist allerdings noch kein Gerät bekannt, das den individuellen Stimmausdruck eines Menschen, der ja nicht nur von den Kehlkopflippen erzeugt wird, naturgetreu imitieren könnte. Wozu auch? Nur technische Puristen streben das an. Dagegen werden durch Modulation, Erweiterung des Stimmvolumens oder Verengung Bereiche mit in das Spiel für und mit Stimmen einbezogen, die dem Schauspieler in dieser Weise verschlossen waren. Legion sind inzwischen die vielen Roboterstimmen, die für Sciencefiction-Stories erzeugt wurden, und Götter- und Gespensterstimmen in den entsprechenden Spielen. Aber für differenziertere Möglichkeiten, die Zerlegung einer

Stimme etwa in Ausdrucksschichten, die die jeweilige personale Schicht andeuten, oder die Veränderung der Stimme nach musikalischen Gesichtspunkten, gibt es seltener Beispiele.

Bei der Stimmen-*Modulation* kann es sich um im Studio »gestrickte« (Studio-Jargon), also mit den vorhandenen Filtersystemen und Hallplatten erzeugte Verformungen handeln oder aber um Ausformungen von speziell für die Stimmgestaltung entwickelten Apparaten.

Das »Sonovox« (Erfinder Gilbert Wright), der »Künstliche Kehlkopf« (von Meyer-Eppler) und der »Vocoder«[44] sind solche Apparate. Sonovox und Künstlicher Kehlkopf sind an die Kehle gedrückte oder in die Mundhöhle eingeführte Lautsprecherkapseln, die dem natürlichen Sprechvorgang alle möglichen akustischen Zutaten beimischen, Musikphasen, Geräusche, Stimmen, vermischt mit akustischen Signalen usw. –, die kommentierend, kontrastierend, grundierend, charakterisierend oder in anderer Weise funktional eingesetzt werden können.

Bei Sonovox und Künstlichem Kehlkopf bleiben Identitätsmerkmale der Stimme erhalten. Neue Stimmen erzeugt der Vocoder. Er zerlegt Stimmen in einzelne Schwingungsbereiche und setzt diese danach mit den gleichen oder anderen Bestandteilen wieder zusammen. Da Stimmen im Hörspiel meist für Personen stehen und jede menschliche Stimme in hohem Maße individuell ist, ist mit dem Vocoder (und ähnlichen Apparaten) ein Instrumentarium geschaffen, das den Verlust und den Wandel persönlicher Identität akustisch gestalten kann (vgl. das Kapitel ›Stimme‹).

Die vorläufig umfassendsten Ton- und Geräusch-

erzeugungssysteme, die in Musik- und Hörspielstudios
Verwendung finden, sind die *Synthesizer*. Ihr Name
erklärt sich aus dem, was sie leisten: die Synthese von
Klängen oder Geräuschen aus einer Vielzahl von
Funktionen. Mit dem Synthesizer geht die Elektro-
akustik entschieden über das hinaus, was Musikinstru-
mente je geleistet haben. Der Synthesizer variiert
nicht nur die Töne einer durch das Instrument vorgegebenen fertigen Reihe, er ist vielmehr eine Art Bau-
kasten, mit dem sich praktisch jeder mögliche Klang
zusammensetzen läßt. Außerdem erzeugt er in der
Regel das akustische Grundmaterial selbst. Das unter-
scheidet ihn von den zuvor beschriebenen Instrumen-
ten. Da der Synthesizer eine Art Tonstudio ist, enthält er modellhaft alle Komponenten, die auch bei der
Hörspielproduktion vorzufinden sind. Die Komponenten lassen sich in drei Gruppen aufteilen. Ich folge
hier im wesentlichen der Beschreibung im *Handbuch
für das ›SYNTHI‹*[45]. Es ist ein kleines Gerät, das
nicht viel mehr kostet als ein anspruchsvolles Farb-
fernsehgerät. Die drei Komponentengruppen sind:
Zuerst die Gruppe der »Quellen« oder Generatoren.
Man könnte sie auch *Erzeuger* oder Resonatoren nennen. Eine Quelle oder ein Generator erzeugt ein Ausgangssignal, ohne daß ein Eingangssignal vorhanden
sein muß. Das »Synthi« verfügt über drei Oszillatoren
(größere Modelle, etwa des amerikanischen MOOG-
Synthesizers, verfügen über bis zu zehn Oszillatoren)
und einen Rauschgenerator als primäre Quellen. Das
Filter wird zur Quelle, wenn es so eingestellt wird,
daß es zu oszillieren anfängt (d. h. Eigenschwingun-
gen erzeugt), und das trapezförmige Ausgangssignal
des Hüllkurvenformers ist auch eine Quelle.

Die zweite Komponentengruppe bilden die »*Bearbei-
tungen*«, man könnte auch sagen Gestaltungsmittel.
Diese Komponenten ändern ein zugeführtes Signal
oder auch mehrere zugeführte Signale. Beim »Synthi«
gehören Filter, Hüllkurvenformer, Ringmodulator,
Nachhalleinheit und Verstärkerstufen zu den Bearbei-
tungsmitteln. Im Rahmen eines Synthesizersystems
könnte man den Eingangsverstärker als Quelle betrachten, er ist aber faktisch eine Bearbeitungskompo-
nente für die Signale von Mikrofonen, Tonbandgerä-
ten usw.
Ausgangsschaltungen bilden die dritte Komponentengruppe. Hier finden die Signale ihre endgültige Be-
stimmung. Sie werden dem Lautsprecher zugeführt,
können natürlich auch Verstärkeranlagen, Tonband-
geräten, Lichtorgeln, im Hörspielstudio dem Mischpult zur weiteren Verarbeitung zugeleitet werden.
Die Komponenten einzeln zu beschreiben, führte zu
weit. Immerhin einige Bemerkungen zu Oszillator und
Ringmodulator: »Oszillatoren erzeugen Schwingungen in den verschiedensten Kurvenformen, Sinus,
Sägezahn, Dreieck und Rechteck (diese Ausdrücke
stammen von der graphischen Darstellung der Signale), die auch wieder untereinander mischbar sind.
Mit einem langsam schwingenden Oszillator z. B.
können alle anderen Elemente des Synthesizers so
moduliert werden, daß Amplituden- und Frequenz-
Vibratos von beliebiger Frequenz und Weite entstehen
(Gesangs-Vibrato, Mandolinen-Tremolo bis zur Luft-
schutz-Sirene!).«[46] Der Ringmodulator ist eine Bear-
beitungskomponente, die aus Eingangssignalen ein
neuartiges Ausgangssignal produziert. Der Ringmodulator ist wichtige Komponente der meisten nicht-

linearen Modulatoren. Während ein Mischer die Eingangssignale addiert, werden beim Ringmodulator die beiden Eingangssignale nach dem sogenannten trigonometrischen Additionstheorem multipliziert. Es entstehen neuartige Klangmuster.

Die enorme Variabilität des Synthesizers erklärt sich aus der Selbständigkeit seiner Komponenten, die man nach Bedarf beliebig zusammenschalten kann, so daß sich die Wirkungen potenzieren. Nichts scheint dem Synthesizer auf dem akustischen Feld unmöglich. Er scheint praktisch jeden Ton, jeden Klang und jedes Geräusch zwischen Sinuston, Knack (Impuls) und weißem Rauschen (Rauschgenerator) herzustellen. Mit Hilfe seiner Zusatzgeräte kann er beispielsweise auch kurze Melodien speichern und wiedergeben (Sequencer) und rhythmische Figuren entwerfen. So ist es ihm möglich, so gut wie alle Geräuscheffekte zu simulieren, vom Rauschen des Windes über Glockenton und Vogelsang bis zum springenden Ball und Motorengeräusch. Er kann Schlachtenlärm mit seiner komplexen Zusammensetzung verdeutlichen. Auf dem Gebiet musikalischer Effekte ist ihm das Pizzikato ebenso zugänglich wie der Akkord, die Tonleiter und der Bogenstrich. Er kann Pop-Effekte erzeugen und Nachhall, den er zusätzlich zu zerhacken vermag, so daß ein Flatterecho erzielt wird. Kurz, es sieht so aus, als könne er alle bekannten Schallerscheinungen simulieren, »mimen«. Denn die elektronische Herstellungsart ist meist noch vom Hörer registrierbar. Aber das muß keineswegs ein Nachteil sein, macht es doch die künstlerisch künstliche Darstellung durchsichtig. Seine größte Chance ist aber nicht die Simulation bekannter Schallereignisse, sondern die Kreation neuer, nie

gehörter Klänge und Schallkombinationen. Damit
werden durch dieses Gerät dem Hörspiel Schallelemente verfügbar, die es auf Grund seiner eigenen neu-
artigen Darstellungsmöglichkeiten gerade brauchen
kann, um Dinge darzustellen, die sich im Bereich dar-
stellender Künste bisher noch nie und nirgends be-
geben haben. Auf diese Weise perfektioniert der Synthesizer eine Praxis, die erfindungsreiche Toningenieure schon immer mit den ihnen verfügbaren Mitteln betrieben haben. Ich denke an ein so einfaches
Beispiel wie die nachdrücklichen metallisch-elektro-
nischen Schläge, die im Studio des NDR zu Günter
Eichs *Träumen* aus Trompetenklängen entwickelt
wurden. Der Komponist Heinz Funk schreibt am
Schluß seines Aufsatzes über *Das Phänomen Synthesizer* (der als Sonderdruck vom Deutschen Moog-
Synthesizer-Vertrieb verbreitet wurde): »So ist aus
der Grenzenlosigkeit der Variationsmöglichkeiten ein
Novum entstanden – mag man es Musikinstrument
oder Computer – Forschungsgerät oder Klangerzeu-
ger nennen – ein kaum definierbares Gerät also, das
eine ebenfalls grenzenlose Phantasie voraussetzt, technische wie musikalische, und das vielleicht in Zukunft
einen ganz neuen Typ des Menschen erfordern wird,
der es benutzt, den forschenden Komponisten oder
den komponierenden Forscher, der dann in Verbindung mit einer modernen Studio-Ausrüstung, z. B.
einer 8- oder 16-Spur-Synchron-Aufzeichnung, wirklich erstmals im wahrsten Sinne des Wortes ›kompo-
nieren‹, d. h. ›zusammensetzen‹ und Neues schaffen
kann mit einer unschätzbaren Vielzahl an neuen
Möglichkeiten – mehr als eine bloße Imitation bereits
vorhandener Musik-Vorstellungen – mehr als ›switched

on Bach‹!«[47] Man muß hinzufügen, daß dieses »Mehr«
auch die Überschreitung der Grenzen der Musik ein-
schließt und daß die Möglichkeiten des Synthesizers
über Musikvorstellungen überhaupt hinausreichen in
den Bereich des Schallspiels. Er kann Funktionen im
Hörspiel übernehmen und Gestaltungselemente liefern.
Trotzdem treffen die Angaben Knillis[48], wonach ein
Synthesizer nach Belieben Männer-, Frauen- oder
Kinderstimmen künstlich herstellen könne, kaum zu.
Bei Stimmen kommen Gestaltungskomponenten ins
Spiel, die jenseits technischer Apparaturen liegen.
Stimmkompetenz kommt ebenso wie Sprachkompe-
tenz nur dem Menschen zu.

Ton und Geräusch

»Der Sinuston, das weiße Rauschen und der Knack stecken ein Feld ab, innerhalb dessen sich alles Hörbare ereignet. Aus jedem von ihnen, aus Sinuston, weißem Rauschen und Knack, läßt sich jede denkbare akustische Erscheinung gewinnen. Diese umfassende Möglichkeit bietet die Technik der elektronischen Musik dem Komponisten, der fortan nicht *mit* Klängen komponiert, sondern *Klänge komponiert*.« Diese stolze Feststellung des Schweizer Komponisten Werner Kaegi[49] läßt sich in erweiterter Form auch auf den Hörspielproduzenten anwenden. In erweiterter Form deswegen, weil das Hörspiel die Elemente des Hörbaren über das musikalische Grundmaterial der Klänge hinaus in sein Spiel mit einbezieht. Es ist nicht zuletzt eine Frage der Auswahl des Schallmaterials, zu welchem Ergebnis wir kommen: zum Musikstück oder zum Hörspiel. Die Grenzen überschneiden sich. Manche Stücke moderner Komponisten wie Mauricio Kagel, Dieter Schnebel, Johannes Fritsch, Bruno Maderna, John Cage, um nur einige zu nennen, sind ebenso in einem Konzert des 20. Jahrhunderts wie auch im Hörspielprogramm aufführbar. Aber man muß sich darüber im klaren sein, daß sie Grenzgänger sind. Wer Klänge und Töne zu bestimmenden Spielträgern macht und ihre Spannungsverhältnisse zu primären Handlungselementen, muß die Ansprüche zurückdrängen oder im besten Fall amalgamieren, die Geräusche, Wörter und Stimmen kraft ihrer Eigenart stellen. Trotzdem ist es gut, sich zu vergegenwärtigen, daß sowohl die Hersteller elektronischer Musik als auch die Hörspielproduzenten auf dem elektro-akusti- schen Instrumentarium des Rundfunks spielen und daß sie es einzig mit der Welt des Schalls zu tun haben. Mit diesem eindeutigen Ansatz erledigen sich Mißverständnisse in der Beurteilung des Hörspiels, die zu Vorstellungen wie »Hörbühne«, »akustischer Film«[50], »Literaturgattung«[51] geführt haben. Bühne, Film und Literatur sind im Unterschied zum Hörspiel ohne optische Zeichen nicht zu denken. Der Hörer des Hörspiels empfängt nur akustische Signale und Zei- chen. Um zu wissen, womit, d. h. durch den Einsatz welchen Schallmaterials die jeweilige Darstellabsicht des Hörspiels am besten realisiert werden kann, ist zu fragen, was denn die einzelnen akustischen Elemente ihrer Art nach sind und was sie für den Hörer bedeu- ten. Sie lassen sich physikalisch beschreiben. Aber so wichtig es auch sein mag, insbesondere für die Her- steller, die Techniker und Regisseure, der physika- lische Aufbau ist nur die Vorstufe zur Erkenntnis ihrer Wirkungsmöglichkeit. Hat es die Tonkunst mit Empfindungen zu tun, so treten beim Hörspiel sinn- liche Vorstellungen, begriffliche Zusammenhänge und personale Eindrücke dazu. Ausgelöst werden alle durch akustische Signale, deren physikalische Be- schreibung schon eine gewisse Stufenordnung erkenn- bar macht.

Der einfachste Ton ist eine harmonische Schwingung ohne Oberwellen, *Sinuston* genannt, weil er der Sinus- funktion gehorcht. Da dem Sinuston die Klangfarben – eine Zugabe der Obertöne – fehlen, klingt er »hül- lenlos direkt«[52], aber neutral, und wird deshalb oft als Pausen- oder Zeitzeichen verwendet. Pfeifen- und

Flötentöne kommen ihm unter den Instrumentalklängen am nächsten. Die Tonhöhe ist abhängig von der Anzahl der Schwingungen pro Sekunde (= Frequenz – wird in Hertz gemessen). Die Lautstärke des Tons wird durch den Schalldruck hervorgerufen und zeigt sich bildlich am Ausschlag der Schwingungskurve, deren größter Abstand von der Ruhelage Amplitude genannt wird. Ein *Tongemisch* ist aus Tönen beliebiger Frequenz zusammengesetzt. Ist eine Reihe von Frequenzen harmonisch verbunden, so hören wir einen einfachen *Klang*. Das Klanggemisch ist aus Klängen mit Grundtönen beliebiger Frequenzen zusammengesetzt.

Schichtet man fortschreitend Sinustöne von verschiedenen eng benachbarten Tonhöhen, und füllt man so das menschliche Hörfeld (Frequenzbereich von etwa 20 bis 20 000 Hz) vollständig aus, so nähert man sich *weißem Rauschen*. »Weiß« wird es genannt, weil es alle hörbaren Frequenzen enthält, genau wie weißes Licht alle Frequenzen oder Farben des Lichts enthält. Weißes Rauschen ähnelt dem Zischen (schsch). – Mit dem weißen Rauschen sind wir beim Geräusch. *Geräusch* ist eine Gehörwahrnehmung, die durch nichtperiodische Schwingungen entsteht. Nach der Definition des ›Deutschen akustischen Ausschusses‹ ist es ein »Tongemisch, dem ein kontinuierliches Spektrum entspricht oder das sich aus sehr vielen Einzeltönen zusammensetzt, deren Frequenzen nicht im Verhältnis ganzer Zahlen zueinander stehen«[53].

Die von den menschlichen Sprachorganen hervorgebrachten *Laute* können klangvoll (Vokale) oder geräuschhaft (Konsonanten) sein, auf jeden Fall hat die menschliche Sprache ein sehr komplexes Muster.

Schon in Paul Hindemiths *Unterweisung im Tonsatz*[54]
war zu lesen, daß ein gänzlich obertonloser Ton aus-
druckslos sei, ohne Profil und Eigenkraft, daß er sich
nur mit Hilfe elektrischer Geräte erzeugen lasse und
daß er musikalisch kaum brauchbar sei. Diese fürs
Musikalische geltende Feststellung braucht für das
Hörspiel nicht unbedingt zu gelten. Gerade die elektronische Machart, die dem Sinuston anhaftet, verweist auf eine Welt, auf die wir zugehen; seine unver-
mischte Eindeutigkeit macht ihn zur Bezeichnung des
mechanischen Zeitablaufs brauchbar. Mit einem oder
einigen knapp gesetzten Sinustönen kann man klang-
und geräuschvolles Geschehen mit der Wirkung eines
harten Schnitts unterbrechen. Ebenso übrigens auch
mit einem Knack (auch Impuls genannt, herstellbar
durch die zeitliche Verkürzung weißen Rauschens bis
unter eine Zeitdauer von 10 ms), der als technische
Störung, aber auch als unsauberer Schnitt registriert
wird. Eine Sinustonfolge kann aus Träumen reißen oder
unverblümt an etwas erinnern. Diese Grenzformen
musikalischer Elemente können in Funktionen Verwendung finden, die auch von Klang, Geräusch, Wort
und Stimme hätten wahrgenommen werden können –
mit der Einschränkung freilich, daß keines so illusions-
los einen berechenbaren elektroakustischen Vorgang
signalisiert. Keine Bildvorstellung drängt sich ein.
Elektronisches Klangmaterial, auch wenn sein Fre-
quenzspektrum Instrumentalklängen, Geräuschen und
Lautfolgen angeglichen ist, behält dennoch die elektronische Note bei. Töne werden erzeugt »durch das
Zusammenwirken schwingender, fester Körper, die
ihrerseits wieder die Luft in Schwingung versetzen.
Alle schwingenden Bestandteile des Instrumentes (der

Resonatoren, zu denen auch der Kehlkopf des Menschen und die Schwingungsräume seines Stimmapparates gehören) besitzen einen oder mehrere Eigentöne; diese hören wir, wenn wir an die Holzteile der Geige, an das Blech der Trompete klopfen. Alle derartigen Töne sind unlösbar mit dem vom Instrument hervorgebrachten Hauptton verbunden. Selbst wenn dieser obertonlos wäre, träten die Eigentöne des Baumaterials an seine Seite.«[55] Die Materialbeschaffenheit des Tonerzeugers, die Art, wie er in Schwingung versetzt wird, und, wenn man so will, die artikulatorischen Impulse und Veränderungen geben den Tönen die charakteristische Klangfarbe. So verbürgt gerade die immer noch vernehmbare Herkunft elektronischer Schallelemente im ja ebenfalls elektronisch vermittelten Hörspiel ein hohes Maß von Stilreinheit, meist auch eine Durchsichtigkeit, wie sie von Geräuschmustern oder auch von traditionellen Musikinstrumenten, die beide realistischer, dinghafter, weniger rational wirken, gewöhnlich nicht erreicht werden. Elektronische Klänge sind sozusagen semantisch offener, stehen der Begrifflichkeit des Worts näher. Das hat man schon in den fünfziger Jahren gewußt. Elektronische Klänge und elektronisch verfremdete Musik- und Geräuschpassagen dienten da zur Verschmelzung von Wort, Szene und Stimmperson, von äußerer und innerer Handlung. Sie hoben das Geschehen auf jene Ebene spiritueller Handlung, die das Hörspiel damals so liebte. Siegfried Franz komponierte beispielsweise für die Produktion von Günter Eichs *Der Tiger Jussuf* 1952 eine Musik, die in einem kurzen Hörspieltake folgende Funktionen erfüllte: Erst blendet ein elektronischer Brumm, der bereits das Grollen einer Tier-

stimme enthält, als sogenannte Musikbrücke vom Erzählertext in den inneren Dialog zwischen Dompteur
und Tiger. Das imitierte Knurren am Schluß des
Brumms ist bereits Verkörperung, der Tiger meldet
sich. Aus Stimmungsgeräusch ist Darstellungsgeräusch
geworden. Ein zweites Grollgeräusch leitet zu einer
verfremdeten Instrumentalmusik über, die den Vorgang der Dressurübungen akustisch-pantomimisch simuliert. Ein Szenenersatz also. Der abschließende
Peitschenknall ist ebenfalls elektronisch erzeugt.
Töne und Klänge, wie sie die Elektronik eines Synthesizers liefert, führen, wenn sie zum tragenden Element
werden, zur elektronischen Musik. Es gibt aber, wie
schon angedeutet, Übergänge zum Hörspiel. Denkbar
sind Kompositionen, die die übrigen Elemente in sich
einschließen. Gedankensplitter aphoristischer Natur
könnten etwa, in den Schwebezustand musikalischer
Flächenbewegungen eingeblendet, den Bewegungszu-
ständen eines Calder Mobiles ähneln; permutationelle
Wortreihen sind seriellen Kompositionsprinzipien an-
gleichbar. Musikalische Anordnungen können wie bei
Anestis Logothetis (*Anastasis*) Gefühlsbewegungen
rhythmischer Art (Atem- und Stöhnfolgen) simulieren
und in einzelnen Laut- und Wortfetzen akzentuieren.
Die Verbindung von dichterischer und musikalischer
Lyrik ist ja schon lange bekannt. Als vollgültigen Dialogpartner in einer Interaktion zwischen Musiker und
Sprecher hat Dieter Kühn die Musik in seinem Kriegs-
blindenpreis-Hörspiel (1974) *Goldberg-Variationen*
eingesetzt. Einen situationsgerechten Einfall hatte
Mauricio Kagel zu seinem Werk *(Hörspiel) Ein Aufnahmezustand*[56]. Er bestellte sieben Sprecher und Musiker zu Mikrofonproben und ordnete das dabei an-

gefallene Material, besonders das bei einer Probe
scheinbar nebensächlich entstehende Frage- und Ant-
wortspiel, die Nebengeräusche und spontanen Äußerungen, zu einem Kompositionszusammenhang. Auf
Grund der Situation einer Musikprobe stehen Töne,
Geräusche und Worte hier nicht in unlauterer Konkurrenz zueinander.

Diese Konkurrenz der Hörspielelemente gibt es in aus-
geprägter Form erst seit jüngerer Zeit. Bis in die sechziger Jahre hinein war die dienende Funktion der
Musik innerhalb des Wortkunstwerks Hörspiel unbestritten. Hörspielkomponisten wie etwa Hugo Pfister
und Winfried Zillig verstanden Musik in dramaturgischer Funktion als Ergänzungs-, Intensivierungs-
und Strukturierungsmittel innerhalb darstellerischer
und sprachlicher Handlungsvorgänge. Hörspielmusik,
schrieb Hugo Pfister, »vermag als Hintergrund, vielleicht kaum hörbar, der Szene Atmosphäre zu verleihen. Charakteristische Motive und typische Klangfarben fixieren den Ort der Handlung. Melodische und
akkordische Elemente helfen wesentlich, psychische
Situationen und deren Wandlung zu zeichnen. Dynamik, Tempo und Rhythmus stützen – vorbereitend
oder nachfolgend – die Intensität des Dialogs. Selb-
ständige Nummern, als Zwischenakt- oder Rahmen-
stücke eingebaut, gliedern das ganze Spiel und machen
es übersichtlich.«[57] Man war sich einig, daß sich Hörspielmusik »nie zum Selbstzweck erheben darf«. Winfried Zillig, wie mancher andere noch deutlich von
theatralischem Denken herkommend, sah in vielen
Fällen seine Aufgabe als Hörspielkomponist darin,
mit den Mitteln der Musik den Mangel an Optischem
zu beheben[58]: Einleitungsmusik anstelle des Theater-

zettels, Musik anstelle des Vorhangs zwischen den
Akten, pantomimische Musik anstelle eines Auftritts
(z. B. des Geists von Hamlets Vater), pomphafte Musik anstelle einer Massenszene (Krönungszug in der
Jungfrau von Orléans); Musik anstelle eines Bühnen-
bilds oder einer Landschaft (Fünftonleiter zur Ver-
sinnlichung einer chinesischen Szene). Solche Verfahrensweisen sind bei der Adaptierung von Bühnenstük-
ken für den Funk akzeptabel, aber Hörspiele, die mit
solchen Versatzstücken arbeiten müssen, bleiben
außerhalb ihrer eigensten Möglichkeiten. Trotzdem
werden realistische Autoren auch im Hörspiel nicht
auf bildhafte Vorgänge verzichten wollen. Wie man
massives optisches Geschehen musikalisch prägnant
verkürzt – auf seine dramatische Funktion zurück-
führen kann, hat Leopold Ahlsen in seinem mit dem
Hörspielpreis der Kriegsblinden 1955 ausgezeichneten
Hörspiel *Philemon und Baukis*[59] beschrieben:

A l e x a n d r o s. Und das Regiment ist da! Das Dorf
     wimmelt von ihnen! Panzer und Werfer! Ich
     muß ihn warnen, ich muß ihn erreichen. *(Weg-
     blenden.)*
*(Die Musik, die während der hastigen Szene im Hin-
tergrund stand, kommt nun wieder stärker herauf,
wird sehr dynamisch. Sie deutet den Kampf im Dorf
an. Gefechtslärm dringt durch. – Wieder etwas zurück.)*

Im gleichen Hörspiel gibt Ahlsen instruktive Beispiele
für einen funktionellen Ton- und Geräuscheinsatz. Er
kontrastiert Flötenspiel und Gewehrschuß, Ave-Läu-
ten und Maschinengewehrfeuer und signalisiert damit
den Grundgegensatz des Hörspiels. Für die leitmoti-

vische Verwendung einer bestimmten Musik finden wir
bei Ingeborg Bachmann *(Der gute Gott von Manhattan)* folgenden Hinweis: »Wenn sie den Hebel nie-
derdrückt, löst er ein paar Takte Musik aus, eine Musik, die noch öfter zu hören sein wird.«[60] Eleganter als
die Vorhangmusik ist die musikalische Interpunktion,
die Ernst Schnabel hinter jedem Kapitel seines Romans
für den Funk *Der sechste Gesang* vorschreibt (z. B. »ein
kapriziöser Punkt« oder »drei rhapsodische Punkte«
oder »eine kurze, nervöse Verbindungslinie, die schnell
und direkt zum folgenden führt« oder »Zeichen, die
das Tempo antreiben«)[61]. Peter Zwetkoff hat bereits
in den fünfziger Jahren die musikalischen Mittel weniger illustrierend, eher interpretierend, kommentierend
und typisierend verwendet, also in kritischer Funktion. So schrieb er beispielsweise für Sprechertexte eine
rhythmisch-karikierende Partitur (*Die Rechenaufgabe*
von Jacques Perret und Jean Forest[62]) und unterlegte
der Leichenrede in Jean Giraudoux' Stück *Der Troja-
nische Krieg findet nicht statt* ein Trompetensolo, das
den anmaßenden Zynismus der Heldenverehrung offenkundig machte.

Wenn musikalische Töne die Stimmung eines Textes
»untermalen«, wenn sie Zeit, Stil und Kolorit skizzieren, so wird die Illusion eines Bühnenbildes weniger
angestrebt als bei der sogenannten *Geräuschkulisse*,
die als Begriff und Praxis sich als überaus zählebig
erwiesen hat. Noch heute gibt es Anrufe in den Hör-
spieldramaturgien, bei denen sich etwa eine Lehrerin
erkundigt, wie man denn Geräusche für die Geräuschkulisse erzeugen könne, sie wolle mit ihren Kindern
ein Hörspiel erarbeiten. In der Hoffnung, daß sich
während der Arbeit außer dem garantierten Spaß

auch noch die Erkenntnis entwickelt, daß die Geräuschkulisse im Hörspiel nicht der Weisheit letzter
Schluß ist – weil Geräusche ihrer dynamischen Struktur gemäß anders als eine statische Kulisse wirken,
stimmhaft und semantisch –, gibt dann der Dramaturg
meist ein paar Hinweise, die man aber auch in Ton-
band-Hobby-Büchern nachlesen kann.

Ein Düsenflugzeug ist mit einem Haartrockenföhn
imitierbar, ein Eisenbahnzug durch rhythmisches An-
einanderreiben von zwei Bogen Sandpapier, Pferde-
getrappel durch Zusammenschlagen halber Kokosnuß-
schalen, Feuer durch Zusammendrücken von Zello-
phanpapier dicht am Mikrofon, und schließlich fällt
Regen auf Gerechte und Ungerechte, wenn wir ge-
trocknete Erbsen auf einem engmaschigen Drahtsieb
hin- und herrollen. Leidenschaftliche Tonbandamateure geben sich mit solchen Imitationen genau so
wenig zufrieden wie die Rundfunkanstalten. Wenn sie
schon naturalistische Geräusche einblenden wollen,
versuchen sie die im Situationszusammenhang genau
richtigen zu erjagen (schließlich heißt ihr internatio-
naler Verband ja ›Fédération internationale des Chas-
seurs de Son‹, abgekürzt: FICS) oder experimentell zu
entwickeln. Die Eigenproduktion von isolierten Geräuschen und Tönen hat den Vorteil, daß sie signifi-
kant bleiben und nicht im Geräuschkonklomerat der
Wirklichkeit untergehen. Zumindest bei monofonen
Aufnahmen ist die Unterscheidung von vielen zusam-
menwirkenden Geräuschen nahezu unmöglich. Hörspiel ist kein Theater für Blinde, das ist inzwischen
eingesehen worden, aber im Falle der Geräuschaus-
wahl kann der Hörspielproduzent von Blinden lernen.
Heinz-Günter Deiters berichtet aus eigener Erfahrung

mit einem Blinden: »Wir gingen durch die Stadt, die
sich für mich überall zu kleinen Lärmknäueln ballte,
unentwirrbar, aus vielerlei Fäden zusammengedreht.
Und ich bewunderte die Geschicklichkeit meines Be-
gleiters, einen dieser Fäden mit festen Händen zu
fassen, ihn herauszuziehen, bis er glatt und von allen
anderen getrennt vor uns lag. Er zog einen dieser Fäden heraus und verknüpfte ihn mit einem anderen. Er
vereinfachte. Er machte aus einer Fotografie eine
Skizze.« Später heißt es: »Er denkt in Symbolen. Auf
dem Bahnhof denkt er ›Reisen‹, am Hafen ›Arbeit‹,
im Park ›Ausruhen‹.«[63] Dieser Auswahlprozeß, der
dem Blinden die Orientierung erleichtert, wird im
Hörspiel, wenigstens im traditionellen, von den Produzenten geleistet. Man fragt sich, welches Geräusch
am besten der Darstellungsabsicht entspricht, und
meist nimmt man – pars pro toto – ein einzelnes Geräusch oder wenigstens signifikante Geräusche für eine
komplexe Situation.

Um die vielfältigen Funktionsmöglichkeiten des Geräuschs zu erkennen, wollen wir einige am Klappern
einer Schreibmaschine demonstrieren. Im Rahmen
eines Bühnenbildes wäre eine Schreibmaschine ein Re-
quisit unter vielen. Im Hörspiel wird sie erst durch
das Anschlaggeräusch existent. Zugleich ist sie aber
auch Zeichen dafür, daß da jemand ist, der schreibt.
Das Geräusch wird so zum Existenzbeweis und hat
Stimmfunktion. Ein Geräusch ist, wenn es als einziges
Ausdrucksmittel eingesetzt wird, »raumfüllend«. Es
signalisiert Raum und vermag im Hörer Assoziationen
zu erzeugen. Die Atmosphäre »Büro« wird angeschla-
gen. Fortan kann das so erlebte Geräusch als Szenenersatz eingesetzt werden. Die Büroangestellte stöhnt

beim Paddeln: »Und dann wieder ein ganzes Jahr
Tippen!« Ausblenden – Schreibmaschinenklappern
einblenden, wieder ausblenden und das Paddelge-
räusch erneut einblenden. Stoßseufzer: »Das wäre
wieder mal geschafft!« – Inzwischen ist ein Arbeits-
jahr vergangen. In einer gewissen Taktfolge kann das
Klappern wie ein Interpunktionszeichen zum Abschluß einer Situation wirken bzw. als Brücke zur
nächsten Situation hinführen. Geschwindigkeit und
Takt des Schreibmaschinengeräuschs charakterisieren
sowohl Arbeitstempo, Rhythmus und Dynamik eines
Betriebs als auch Fähigkeit und Eifer des Schreibers
und vielleicht auch dessen inneren Zustand. Kommentierend eingesetzt, erzeugt das Klappergeräusch ein
kontrastierendes Spannungsverhältnis und kann
Merkmal eines ironischen oder satirischen Stils sein.
Die Büroangestellte gibt sich als Filmschauspielerin
aus; währenddes hört man unterlegt das Klappergeräusch. Symbolisch bedeutsam wird das Geräusch,
wenn es als Merkzeichen einer Lebensarbeit oder
Pflicht oder des Gewissens als innerer Dialogpartner
auftritt. Ein Familienvater hat sich entschlossen, aus
seinem Lebenskreis auszubrechen, Geschäft und Fami-
lie zu vergessen, und sitzt bereits im Zug. Da verwandelt sich das Rattern der Räder unversehens in
Schreibmaschinengeklapper. Alles Darüberhinweg-
reden oder -denken hilft nichts. Als penetrant beharr-
licher Begleiter zwingt das Geräusch zur Auseinander-
setzung. Die Tragweite einer Schreibtischtat wird unmittelbar darstellbar, wenn das Klappern der Schreibmaschine während des Diktats eines Generals durch
Erhöhung der Bandgeschwindigkeit sich in Maschinengewehrrattern verwandelt. Soll die Verbürokratisie-

rung der Gesellschaft oder gar der Menschheit vorgeführt werden, braucht man nur das Schreibmaschinenklappern durch Playback so oft zu vervielfachen, daß
ein ungeheurer Chorus von Schreibmaschinen alle anderen akustischen Lebenszeichen überschwemmt.

Es ist klar, daß diese Beispiele erstens von einem Geräusch ausgehen, welches mittels eines metallisch-
mechanistischen Instruments im wesentlichen vom
Menschen erzeugt wird, also auf ihn zurückverweist
und Funktionen seiner Stimme und seiner Sprache
übernimmt, und zweitens, daß der Einsatz im Sinne
einer herkömmlichen Dramaturgie erfolgt. Folgende
Funktionen konnten registriert werden: das Geräusch
als Existenzbeweis, das charakterisierende Geräusch,
die Milieudarstellung durch Geräusch, die Handlungs-
darstellung durch Geräusch, symbolische, kommentie-
rende und karikierende Wirkungen des Geräuschs, das
Geräusch als Dialogpartner, Blende über Geräusch,
Dimensions-Metamorphosen durch Geräusche. Jedermann kann sich weitere Kombinationen und Verwendungsmöglichkeiten ausdenken. Noch nicht bedacht
wurde der Geräuscheinsatz in kompositorischer Absicht, der eine Verabsolutierung des Geräuschmaterials
voraussetzt bis zu einem Punkt der Abstraktion, wo
das Geräusch die Tendenz verliert, sich auf konkrete
Vorgänge und Bilder zurückzubeziehen, bis an die
Schwelle des reinen Schallspiels also.

In allen diesen Fällen ist das Geräusch gewissermaßen
denaturiert und anthropomorphisiert. Ihrer Natur
nach sind die meisten dieser aus vielen Einzeltönen
zusammengesetzten komplexen Schallgebilde Materia-
lien von antiformaler Originalität und als solche geeignet, dem Ausdruck zu verleihen, was aus der ele-

mentaren Welt der Lebens- und Bewegungsvorgänge
hervorbricht. Weit ist das Feld dieser Geräuschresona-
toren: Naturlaute vom Zirpen der Insekten über das
Heulen der Hunde zum Ächzen eines Baumes bis zum
Rauschen des Meeres, Mikrolaute aus der Welt der
Physik oder Ultralaute aus dem Kosmos. Diese
»Sprache« einer gleichsam vorgeschichtlichen Welt
kann für sich selbst stehen oder vorsprachlichen Be-
reichen des Menschen Ausdruck geben. René de Obaldia hat z. B. in seinem Hörspiel *Sprechen wir von
Charles oder Das Bankett der Quallen*[64] das Geräusch
des Meeres als Synonym für das Unbewußte einer
Frau eingesetzt. Während sie auf der Couch eines
Psychiaters liegt, spülen (eingeblendet) Meeresgeräu-
sche herauf und führen vom bewußten Gespräch in
die Ängste und Sehnsüchte des vorbewußten Zu-
stands.
Es wird immer die Frage sein, welchem Bezugssystem
das betreffende Hörspiel das Ausdrucksmaterial zu-
ordnen will. Ist das Geräusch das Grundmaterial, so
müßte logischerweise ein Geräuschhörspiel entstehen.
Meist ist es jedoch literarischen oder musikalischen
Absichten untergeordnet. Da aber Geräusche oft nicht
vom Menschen gesteuerte Ursachen haben, wäre ein
konsequentes Geräuschhörspiel aus der Eigendynamik
der Geräusche zu entwickeln. Es lassen sich Schich-
tungen und Abläufe denken, die nicht anthropomor-
phisierend sind und mithin die Fremdheit von Natur-
ereignissen, denen der Mensch ja dennoch ausgesetzt
ist, widerspiegeln. Zwischen der Schicht der Geräusche
und spezifisch humanen Ausdrucksformen können sich
elementare Spannungsverhältnisse entwickeln. O-Ton-
Aufnahmen, speziell die sehr authentischen der Kunst-

kopf-Stereofonie, wären hier besonders brauchbare
Spielelemente. Übrigens zeigen vorsprachliche Laute
der menschlichen Stimme oft eine verblüffende Affi-
nität zu den Geräuschen der Natur, ob sie nun von
Tieren, Pflanzen oder Elementen hervorgebracht werden. Übungen wie die des Engländers Roy Hard, die
der Freilegung von »the objective voice«[65] dienen,
haben über die jedermann bekannten elementaren
Ausdrucksformen des Menschen wie Schrei, Röcheln,
Stöhnen, Lachen usw. hinaus Resonanzen erschlossen,
die geeignet sind, die Schicht des »Es« im Menschen
akustisch offenzulegen. Vielleicht gibt es hier Be-
rührungspunkte zwischen Naturgeräusch und Stimme,
die im Hörspiel zur Darstellung gebracht werden
könnten.

Wort

Das autonome Wort

Die Worte zu befreien (parole in libertà), war Filippo Tommaso Marinetti im *Manifesto tecnico della literatura futurista* (1909) vor dem Ersten Weltkrieg aufgebrochen. Nach dem Ersten Weltkrieg wurde das Medium zur öffentlichen Angelegenheit, das in anderer Weise imstande ist, die Wörter zu befreien, indem es sie aus ihrem Situationszusammenhang herauslöst: der Rundfunk. Durch den Eingang ins Mikrofon wurde das Wort, das gesprochene, aus seinem Umfeld gelöst. Es ließ den Sprecher und den Ort des Sprechens hinter sich und schien so im Prinzip verabsolutierbar geworden zu sein, sich selbständig entfalten zu können. Das hat im Zweiten Weltkrieg zu der meines Erachtens damals einsichtigsten Theorie geführt, Arthur Pfeiffers *Rundfunkdrama und Hörspiel*, Berlin 1942[66]. Pfeiffer sprach von einer kopernikanischen Wende: »Das Wort dreht sich nicht um die sichtbare Wirklichkeit und folgt nicht deren zwingendem Gesetz, sondern die sichtbar und mit allen übrigen Sinnen erfahrbare Wirklichkeit dreht sich um das Wort, um die akustische Weltkonzeption, und muß deren unbeirrbarem Willen und strengem Gesetze folgen. Sie beleuchtet soviel, nimmt in ihren akustischen Schwingungskreis soviel auf, wie sie gerade will.« Der Gedanke Pfeiffers führt weiter, als es in seiner eigenen Absicht lag. Er wollte das Rundfunkdrama bzw. das arteigene Hörspiel, nicht aber das Sprachspiel, wie es nach den fünfziger Jahren üblich wurde. Erst in diesem aber wurde der Rückzug auf die Sprache, auf nichts als die Sprache, wirklich praktiziert. Nicht die aggressive Zerstörung der Syntax, wie sie die italienischen Futuristen vorhatten, um den unmittelbaren Ausdruck des Lebens zu provozieren, war das Ziel, sondern die Konstituierung der Sprache als einer Eigenwelt, über die hinaus Außenwelt aufzeigen zu wollen als nicht materialgerecht angesehen wurde. Ganz zweifellos lenkte dieser linguistische Narzißmus den Blick auf ein Material, das, obwohl die Theoretiker unentwegt seine Dominanz im Hörspiel behauptet hatten, bisher für die Zuhörer hinter handelnden Personen zurückgetreten war. Wer hatte schon wirklich auf die Wörter geachtet, wenn sich Personen in Konfliktsituationen befanden?

Was ist das Wort? – Wort ist (so Kurt Schwitters, 1924)[67]:

1. Komposition von Buchstaben,
2. Klang,
3. Bezeichnung (Bedeutung),
4. Träger von Ideenassoziationen.

Nach Arnim P. Frank ist das Wort »ein komplexes, vierpoliges Kraftfeld, das sich zwischen seinen Funktionen als Klangkörper, als begriffliche Denotation, als bildliche Evokation und als affektiver Beiwert spannt«[68].

Physikalisch gesehen, ist das Wort Schall, d. h. es spielt zwischen Geräusch und Ton. Alle Merkmale, die im Kapitel ›Geräusch und Ton‹ aufgezeigt wurden, gelten insofern auch für das Wort. Aber es unterliegt einer speziellen Formierung. Durch stillschweigendes, meist unreflektiertes Übereinkommen glauben die Menschen

einer Sprachgruppe zu wissen, was gemeint ist, wenn
eine bestimmte Buchstabenfolge auf dem Papier erscheint oder eine bestimmte Geräusch- und Tonfolge
verlautet wird. Man ist auf die Lautfolge T, i, sch
festgelegt, wenn man in einem Wort ein Ding, das wir
uns ›Tisch‹ zu nennen einig sind, bezeichnen will. Das
Wort als Zeichen und die Sprache als Bezeichnungs-
system sind weitgehend fixiert, konventionell. Über
Jahrhunderte kann man noch verstehen, was mit einzelnen Wörtern gemeint ist. Dichter und Sprachrevo-
lutionäre haben immer wieder versucht, den Wörtern
neue Spontaneität abzugewinnen. Am konsequentesten
wohl in unserem Jahrhundert, das die Sprache als
Material zu sehen gelernt hat. »Wir haben aufgehört,
auf Wortbau und Aussprache der Worte nach gram-
matischen Regeln zu schauen. Wir haben begonnen,
in den Buchstaben Wegweiser für die Wörter zu
sehen ...«, sagt schon 1913 Chlebnikov[69]. Aber auch
seine dichterische Kraftanstrengung und die verwandter Schriftsteller, aus dem zertrümmerten Wort neue
Poesie zu formen, stand immer noch im Zeichen der
überkommenen Auffassung vom Autor als eines Ge-
stalters, Materialbewältigers, Schöpfers. Eine neue,
genau besehen sehr zeitgenössische Wendung nahm der
Umgang mit der Sprache, als man sie sich selber spielen ließ. Programmatisch schrieb Franz Mon im Vorwort zu seinem Hörspiel *das gras wies wächst*: »... es
handeln die sprachelemente, subjekte sind die wörter,
die wörteragglomerationen, die gestanzten redensarten, fragepartikel, überhaupt fragen aller art, wie
sie quick und twen in populären tests, in interviews,
in briefkastenecken bereithalten. wörterreihen treten
in spannung zu redensarten. redensarten hinterbauen

dialoge. dialoge werfen fragen auf, die von wörterreihen beantwortet werden.«[70] – Jedoch selbst das von
Mon in seinem Hörspiel angewendete Verfahren ist,
obschon er vorgefundenes Wortmaterial benutzt und
collagiert und obschon die Handlungsführung von
Rollenträgern (Stimmen) auf die Wörter übergeht, ein
auskalkuliertes Selektionsverfahren und absichtsvolles
Spiel, das der Autor mit der Sprache treibt. Kein
Buchstabe ist in den Text gefallen ohne den Willen
des Sprachstellers Mon. Aus der Hand gibt der Autor
die Sprache erst im strikt experimentellen Hörspiel,
das, naturwissenschaftlicher Methodik folgend, nach
Anordnung des Versuchs den Dingen bzw. den Wörtern, den Silben und den Buchstaben ihren Lauf läßt
oder die Produktion des Textes einem Computer in
Auftrag gibt.

Wortoperationen

Bei einer Spielform, die technische Apparaturen zur
Voraussetzung hat, waren früher oder später Versuche zu erwarten, die auch dem Wort und der
Sprache mit operativen Eingriffen zu Leibe rücken
würden. Fast nimmt es wunder, daß Hörspielautoren
der einschlägigen Literatur darin keineswegs voran-
gingen. Denn immerhin erlaubt die Studiotechnik
Operationen, die Wort, Sprache und Rede umformen.
Man könnte eine Poetik der Tonbandtechnik aufstellen und würde einige der traditionellen rhetorischen
Figuren wiederfinden und viele Muster aus dem Re-
pertoire methodischer Texterzeugung, wie sie die mo-

derne Texttheorie (Max Bense)[71] oder die ›Werkstatt
für potentielle Literatur‹ (s. unten)[72] oder Vertreter
einer permutationellen Kunst (Abraham A. Moles)[73]
aufstellen. Am Schneidetisch läßt sich beispielsweise
das bekannte Modell der Buchstabenumstellung, das
Anagramm, herstellen, obwohl es verständlicherweise
nicht leicht ist, buchstabengenau zu schneiden und die
neue Kombination eines Namens aus den Lautbestand-
teilen des vorgegebenen »natürlich« zu montieren.
Die Anapher ist durch Playback zu realisieren, ebenso
wie viele andere Arten des Parallelismus. Solche Operationen helfen bei dem Verständnis dafür, daß auch
die bisherige Dichtkunst das mathematisch logische
Kalkül gekannt hat. Äußerungen von Novalis, Kleist
und Hölderlin, um nur einige zu nennen, zielen dabei
weit über das hinaus, was etwa in Reim, Metrum,
rhetorischer Figur und den Spezialformen der Syntax
manifest geworden ist. In den Fragmenten des Novalis wird von »kombinatorischer Analysis« gesprochen,
und es finden sich Sätze wie: »Vielleicht kann man
mittels eines dem Schachspiele ähnlichen Spiels Gedan-
kenkonstruktionen zustande bringen. – Der Dichter ist
der oryktognostische Analyst im mathematischen Sinn,
der das Unbekannte aus dem Bekannten findet. – Es
kommt alles auf die *Weise* an, auf die künstlerische
Wählungs- und Verbindungskunst.«[74]
Die Weise heutiger analytischer Kombinatorik, wie
sie ins Hörspiel Eingang gefunden hat, läßt sich am
einfachsten am Vorhaben der ›Werkstatt für potentielle Literatur‹ (Ouvroir de littérature potentielle)
verdeutlichen. Die kleine Pariser Gruppe, bezeichnen-
derweise von einem Schriftsteller und einem Mathe-
matiker (Raymond Queneau und François Le Lion-

nais) gegründet, beabsichtigte keine ästhetischen Werke
zu schaffen, sondern Strukturen, Methoden und Tech-
niken herauszufinden, »die noch nie von Schriftstellern verwendet worden sind, oder auch Strukturen,
die potentiell zwar schon vorhanden waren, die aber
von den Schriftstellern, den Kritikern, den Literatur-
historikern nicht erkannt worden sind«[75]. Man will
also praktikable Programme bereitstellen, deren sich
die Autoren bedienen können, sobald sie sich von der
Inspiration lösen wollen. Ein solches Programm kann
in einer einfachen Anweisung bestehen, etwa: Nimm
die Reimsektionen (also nicht unbedingt nur das
Reimwort) eines Poems und schreibe sie untereinander.
Es entstehen haiku-ähnliche Gedichte, die oft wie die
Essenz des Grundgedichtes wirken. Ein solches Programm kann in eine Formel gefaßt werden wie die
Methode S + n, für die nach Eugen Helmlé Jean Les-
cure zeichnet. »Sie besteht darin, in einem vorgegebenen Text jedes Substantiv durch das in einem beliebi-
gen Wörterbuch an nter Stelle folgende Substantiv zu
ersetzen.«[76] Die Methode S + n ist natürlich variabel,
man kann ebensogut V (Verbum) + n oder A (Ad-
jektiv) + n durchspielen oder die Methoden miteinander kombinieren.

Ein Beispiel aus Georges Perecs Hörspiel *Die Maschine*[77]: S + 15, angewendet auf Goethes »Wanderers
Nachtlied«. Die Auswahl erfolgt nach dem deutsch-
spanischen diccionario liliputiense cadete:

> über allen glasuren
> ist ruß
> in allen wissenschaften
> spürest du

kaum ein hausmädchen
die vollkommenheiten schweigen im wand-
                                  kalender

warte nur, balde
ruhest du auch

In der mathematischen Kombinatorik, die sich mit den Anordnungsmöglichkeiten gegebener Elemente befaßt, ist die Permutation der erste Hauptbegriff. Die Permutation ist zugleich das von Schriftstellern am häufigsten angewandte Verfahren der Vertauschung von Elementen. Es dient zur absichtlichen Herstellung von Zufallsproduktionen und steht somit in der Mitte zwischen synthetischer und analytischer Literatur. Absichtlich arbeitet der Autor, der auswählt, welche Silben, Wörter oder Sätze er als Ausgangsmaterial zu verwenden gedenkt. Zufällig ist das Produkt insofern, als der Autor nicht übersehen kann, welche Kombinationen beim Versetzen und Umstellen der gegebenen Elemente entstehen. Permutieren heißt bei Hellmut Geißner »die Reihenfolge einer Zusammensetzung ändern; mathematisch genau ist eine Permutation: die Reihe aller Kombinationen, die aus einer bestimmten Anzahl von Elementen möglich sind.«[78] Aus 3 Elementen gibt es 6, aus 4 Elementen 24, aus 5 Elementen 120, aus 6 Elementen 720 usw., aus 10 Elementen bereits 3 628 800 Permutationen. Eine Permutation mit drei Wörtern (Schweigen, Gipfel, Wald) aus Perecs *Die Maschine*:

                  schweigen gipfelt im wald
                  gipfel wallt im schweigen
                  wald gipfelt im schweigen

> schweigen wallt im gipfel
> gipfel schweigt im wald
> wald schweigt im gipfel

Unter der Fülle der Programme sei nur noch die Iteration erwähnt, weil sie auch in der Studiotechnik eine Parallele hat. Wenn man nämlich den Schallvorgang von einem Bandgerät auf ein zweites überspielt und von dort nach einer gewissen Zeit wieder der Aufnahmemaschine zuführt, so ergibt sich eine sich überlagernde Vervielfältigung mit lawinenartigem Effekt. In der Textalgebra versteht man unter Iteration (nach Bense) »die Menge aller Teilmengen einer gegebenen Menge«[79]. Die mathematische Formel dafür ist 2^n = Menge aller Teilmengen. n bedeutet die Anzahl der Teilmengen. Hat man beispielsweise 6 Wörter, so ergeben sich 64 Kombinationen. Es handelt sich also um eine Art Permutation, nur mit dem Unterschied, daß zunächst zwei Elemente, dann drei und so fort kombiniert werden, so daß ein Steigerungs-, zumindest ein Ausweitungseffekt erzielt wird.

Nach diesen methodisch angelegten und mit einigem Fleiß handwerklich herstellbaren Texten blieb eigentlich nur noch eine einzige Idee zu realisieren, die der künstlichen Poesie. Die Automatentheorie der Texte gab den theoretischen Hintergrund, das Vorhandensein datenverarbeitender Rechenanlagen die praktische Realisierungsmöglichkeit. Man konnte darangehen, maschinell synthetische Texte herzustellen. Da statistisch-mathematische Operationen und grammatisch-logistische im Prinzip keine Schwierigkeiten bereiten, war zu fragen, was denn die Besonderheit ästhetischer Texte sei. Die statistische Informations-

ästhetik lieferte die Definition. Nach ihr handelt es
sich beim ästhetischen Zustand eines Textes »um
einen Zustand unwahrscheinlicher, stark selektierter,
nichttrivialer Wortfolgen«[80]. Das Moment eigenwilli-
ger künstlerischer Auswahl durch den Autor wurde
durch ein Unterprogramm mit Hilfe eines sogenannten Zufallsgenerators eingebracht, den Bense mit
einem Roulette vergleicht. Auf diese Weise hofft man,
die poetische Verteilung der Elemente »mindestens zu
simulieren«[81]. Solche stochastischen Texte (zufällig
selektierte) sind bereits mehrfach hergestellt worden.
Beispiele dafür, wie auch für die zuvor geschilderten
programmierten Formen, sind in dem Hörspiel *Die
Maschine* von Georges Perec simuliert worden.
Natürlich liegt die Frage nahe, was solche technisch
erzeugten Texte können und was nicht. Perecs *Maschine* führt es vor. Mechanistisch erzeugte Texte
können für sich selbst einstehen und die Herstellungs-
prozesse verdeutlichen. Da vieles, was uns heute umgibt, technologisch bestimmt ist, ist das nicht wenig.
Die Isolation der Texte vom Sprecher und von der
Außenwelt, d. h., die Konzentration auf die materiale
Eigenwelt der Sprache führt zu einer Freizügigkeit,
die es ermöglicht, die Sprache in ein anderes System
als das der konventionellen Sprachverläufe und der
persönlichen Redeweise einzuordnen. Oft werden
Muster erzeugt, die sich beim besten Willen einem
Verständnis verschließen, die aber andererseits auch
eine eigentümliche Schönheit besitzen können. Selbst
wenn dies nicht zutrifft und man oft geneigt ist, diese
Sprachspiele als sinnlose Spielereien abzutun, enthalten sie doch potentiell die Chance, Gedanken und Zusammenhänge zu produzieren, auf die man in gewöhn-

lichen Denkbahnen nicht gestoßen wäre. Was die ein-
beschriebene Grammatik unseres Denkens ausschließt,
kann überraschend zutage treten. Das führt dann zu
den pointierten Schlüssen, zu Nonsens und unfreiwil-
ligem Sex-Appeal, der das Amüsement des Hörers bei
Perecs *Maschine* ausmacht. Der Zusammenstoß zweier
sprachlicher Ordnungen setzt Heiterkeitseffekte frei.
Aber es läßt sich nicht übersehen, daß nur ein starker
Grundtext wie Goethes Gedicht auch zu starken Wirkungen solcher Art führt. Die experimentelle Anordnung und das Ungewohnte der Erzeugnisse fordert ein
intelligentes Hörsaalpublikum, das Brechts Forderung
nach einem Publikum des wissenschaftlichen Zeitalters
nahekommt.

Übrigens liegen die technisch-operativen Eingriffe
dieser Sprachspiele formal auf fast der gleichen Ebene
wie die höchst absichtsvollen Eingriffe der Hörspielautoren, die mit ihren Spielen Sprachkritik betreiben.
Da Sprache sowohl Denken ausdrückt als auch Denken determiniert, richtet sich die Kritik nicht etwa
allein gegen das System unserer Sprache, sondern auch
gegen die Art ihrer Benutzung und die dahinterstehen-
de Ideologie. Sie kann sich freilich auch gegen die
Leere und Verbrauchtheit ihres Vokabulars im all-
täglichen und öffentlichen Gerede richten. Ob Ludwig
Harig die leeren Phrasen öffentlicher Trauer durch
Wiederholungen hervorhebt[82], oder ob Reinhard Döhl
durch unendliche Variationen von Sätzen, die man
spricht, die Gemeinheit täglichen Geredes bewußt
macht[83], oder ob Jürgen Becker durch Reihen von
Sätzen, die allemal das Wohnen betreffen, dieses Thema in den Griff bekommt[84], immer sind ähnliche Prak-

tiken mit im Spiel, wie sie das konsequente Sprachspiel ebenfalls verwendet.

Den Wesenskern der Dichtung, wie es die Exposition
von Perecs Hörspiel verspricht, wird man wahr-
scheinlich mit technologischen Verfahren weder erzeugen, noch aus einem Gedicht herausziehen können.
Inzwischen ist die Linguistik dahintergekommen, daß
automatentheoretische Modelle des Sprachgebrauchs
sich fundamental von denjenigen menschlichen Sprechens unterscheiden[85]. Die Struktur eines Maschinen-
textes entspricht nicht der Sprechfolge eines Menschen.
Selbst dann nicht, wenn der Mensch in bewußtlosem
Zustand vor sich hinspricht. Das hat das Hörspiel
Der Monolog der Terry Jo[86] von Bense und Harig
offenkundig gemacht. Der Computertext, der die
wirre Sprechfolge des Mädchens Terry Jo, das be-
wußtlos auf einem Floß treibend aufgefunden worden war, simulieren sollte, war in keinem Augenblick
als menschliches Sprechen zu identifizieren. Die An-
nahme der Autoren, daß Analogien zwischen dem unbewußten Zustand des Mädchens und der Unbewußt-
heit eines Computers bestünden, erwiesen sich im
Hinblick auf die Darstellungsabsicht im Hörspiel als
Fehlkalkulation. Es war nur folgerichtig, daß in der
Hörspielrealisation der Text von einer Vocoterstim-
me gesprochen wurde. Die Kombinationen, die ein
Zufallsgenerator zustande bringt, sind andere als die
eines Hirns, das zwar die bewußte Auswahl der Wörter nicht mehr leistet, aber dennoch mit den Tiefendimensionen des Menschen verbunden ist. Die prinzi-
pielle Wahllosigkeit der Maschine ist eine andere als
die eines Menschen, dessen Unterbewußtsein noch tätig
ist, während Einsicht und Formulierungsvermögen

außer Kraft scheinen. Die kreative Sprachkompetenz eines Menschen ist infolge seiner Einsichten, seines Willens und seiner mentalen Intuition eine grundsätzlich andere als die eines Automatensystems. Computern kommt ebensowenig Sprachkompetenz zu wie dem Synthesizer Stimmkompetenz.

Wort-Laut

Die technologische Kombinatorik ist eine reine Spielform oder, wenn man so will, eine Experimentalform. Mit der Lautgebung kommt Ausdruck ins Wort und in seine Bestandteile. Dort, wo die menschlichen Sprechorgane als Resonatoren mitwirken, und das ist im Hörspiel fast immer der Fall, hört das Wort auf, bloßes Kombinationsmaterial zu sein. Die Phonetik als die Wissenschaft von der Lautbildung in den Sprechorganen kennt zwei Grundlehren, die vom Vokalismus und Konsonantismus. Die seit Plato (*Kratylos*) geläufige Frage, wie weit die Laute den Wortsinn bestimmen, hat zu vielerlei Spekulationen, aber auch zu aufschlußreichen Beobachtungen und Einsichten geführt. So glaubt man zu wissen, daß »die Konsonanten mehr der Beherrschung der Gefühle, der begrifflichen Vergegenständlichung der sichtbaren Umwelt« dienten, »während die Vokale in ihrer Abtönung mehr die innere Welt, das subtile Reich der Gefühlsbeziehungen aufklingen lassen«[87]. Man registrierte beispielsweise, daß die »uralte Lautgebärde -st für ›Achtung‹, ›schweigen‹, ›unbeweglich‹ im Anlaut noch heute klar die Bedeutung vieler Wörter bestimmt wie

still, stumm, stopp, sterben, stehen, Stand, starr, stur,
starren, stieren, steif, stumpf; sie bezeichnet das Un-
bewegte, Harte, wie Stab, Stamm, Stein, Stock,
Stumpf, Stecken, Stütze, Stadel, Ge-stade, Stiege,
Stufe, mhd. stæte, stætec. Umgekehrt versinnbild-
licht das anlautende w das Bewegte, Weiche: be-
wegen, wabern usw. . . .«[88] Für die Vokale vermerkt
der Münchner Psychologe Philipp Lersch: »Die Aus-
drucksbedeutung der einzelnen Vokale ist nicht ohne
weiteres fest zu umreißen, aber es läßt sich ein Bedeu-
tungskreis aufzeigen: ›I‹ und ›Ei‹ sind die sinnlichen
Verlautbarungen der Freude, ›U‹ die des Grauens, ›E‹
des Ekels, ›O‹ des Bedauerns, ›A‹ des staunenden Öffnens der Seele der Welt gegenüber.«[89] Dichter phonetischer Poesie gehen noch weiter zurück, indem sie die
Laute als eigenständiges Ausdrucksmaterial bisweilen
ohne erkennbare Beziehung zum Wortsinn verwenden. Franz Mon hat Beispiele dafür in einer Lang-
spielplatte zusammengestellt[90]. Diese Autoren versuchen, wie Mon schreibt[91], »eine radikale Neubegrün-
dung der Poesie aus den elementaren Mitteln von Laut
und Silbe« (Velemir Chlebnikov, Aleksej Kručënych),
Raoul Hausmann »bringt die artikulatorische Geste
mit ins Spiel«, musikalische Formen und Elemente
werden von Kurt Schwitters *(soonate in uurlauten)*
und Maurice Lemaître eingebracht. François Dufrêne
bezieht »alle Geräusche, die die Artikulationsorgane
herzustellen vermögen – Schreien, Atmen, Schmatzen,
Gurgeln usw. –, in seine spontanen Lautsequenzen
ein«. Und schließlich moduliert Henri Chopin die
»Mikropartikel der menschlichen Sprache elektronisch«. Die Übergänge zum Hörspiel sind fließend.
Die Großform phonetischer Poesie, als welche man

das Hörspiels in bestimmten Ausformungen bezeichnen kann, wirkt manchmal wie die Transformation
solcher Sequenzen.

Ein Beispiel: Ernst Jandls Schützengrabengedicht, das
vom Wort über die Buchstaben zur Lautwelt des Wortes führt. Jandl hat es in der Rede zur Verleihung des
Kriegsblindenpreises an ihn und Friederike Mayröcker
(für *Fünf Mann Menschen*, 1968) als »kürzeres Hörspiel« bezeichnet. Was gibt ihm das Recht dazu? Hier
der Text[92]:

> schtzngrmm
> schtzngrmm
> t–t–t–t
> t–t–t–t
> grrrmmmmm
> t–t–t–t
> s———c———h
> tzngrmm
> tzngrmm
> tzngrmm
> grrrmmmmm
> schtzn
> schtzn
> t–t–t–t
> t–t–t–t
> schtzngrmm
> schtzngrmm
> tssssssssssssss
> grrt
> grrrrrt
> grrrrrrrrrt
> scht
> scht

```
t–t–t–t–t–t–t–t–t–t
scht
tzngrmm
tzngrmm
t–t–t–t–t–t–t–t–t–t
scht
scht
scht
scht
scht
grrrrrrrrrrrrrrrrrrrrrrrrrrrrrrr
t–tt
```

Ist dies eine Hörspieltextvorlage? – Wenn man das
Hörspiel als Rollenspiel versteht, sicher nicht. Trotzdem ist die Annäherung an eine akustische Darstellung im Sinne eines Hörspiels unverkennbar. Jandl
bringt das Wort, das sich aus der Situation gelöst,
vom gemeinten Gegenstand getrennt hat, wieder zu
diesen zurück. Er hebt die historische Trennung des
Worts vom Gemeinten, des Menschen von den Dingen,
die er an- oder ausspricht, bis zu einem gewissen Grade
wieder auf. Dies geschieht auf zweierlei Weise:
1. operativ, durch Selektion des in diesem Wort ent-
haltenen akustischen Materials, das die Schallwelt der
gemeinten Sache, in diesem Falle des Schützengrabens,
repräsentiert. Da die Schützengrabenwelt in erster
Linie geräuschhaft ist, konzentriert sich Jandl auf die
geräuschhaften Konsonanten. Maschinenpistolen- und
Maschinengewehrrattern und ein Treffer sind sofort
zu erkennen, vieles andere ist assoziierbar. Der Sprechvorgang beginnt beim konzentrierten Wort und endet
beim Explosivlaut ›t‹. Dazwischen Reibe-, Zisch-

und Explosivlaute. Der Geräuschbestand des Worts
›Schützengraben‹ wird in einer Weise angeordnet und
modelliert (z. B. wurde die weiche Verbindung ›bn‹
in einen ›m‹-Nachhall umgewandelt), daß Jandls mi-
metische Absichten zum Tragen kommen. Geräusch-
welt und Sprachwelt werden einander angenähert.
Das Nebeneinander von Sprache und Geräusch im
traditionellen Hörspiel wird aufgehoben. Hier wird
nicht mehr *über* etwas geredet, das Gemeinte tritt
akustisch in Erscheinung.

2. Das Instrument dieser Konkretisierung ist die
Stimme des vortragenden Autors, der mit ihr nicht
nur den gemeinten Weltausschnitt hervorruft, sondern
zugleich seiner Einstellung zu ihm Ausdruck gibt. So
entsteht zwar kein Rollenspiel, aber ein Spiel mit
Sprachlauten, die eine Welt »verkörpern«, zu der sich
der Autor wertend und darstellend verhält. Denn
Jandl parodiert mit seiner Stimme nicht nur die Geräusche eines Gefechts, er durchtränkt den Vorgang
auch durch Rhythmus und Betonung mit seiner persönlichen Kritik. Heißenbüttel hat diesen Text mit
Recht zu den »politischen Gedichten« gezählt. Versteht man Hörspiel als akustische Darstellungsform
einer Realität, die nach den Intentionen eines oder
mehrerer Autoren organisiert wurde, so kann man dieses Lautgedicht als Hörspiel ausgeben.

Vom Wortlaut in der Kurzform des Lautgedichts zu
größeren Einheiten im Hörspiel gelangen Autoren der
phonetischen Poesie mit Hilfe verschiedener dramaturgischer Verfahren. Um bei Jandl zu bleiben, so hat
er zusammen mit Friederike Mayröcker in *Fünf Mann
Menschen*[93] die verschiedenen Schichten des Worts
funktional eingesetzt.

SZENE I
Gebärklinik

S p r e c h e r.   Solange es Kinder gibt,
                                  wird es Kinder geben.

5 schreiende Säuglinge Pos. 1–5
Chor der 5 Schwestern   Pos. 1–5
M1–M5 (als Väter)   Pos. 1–5
*Geschrei der 5 Säuglinge, durchlaufend bis Szenen-
schluß*

C h o r *(routinemäßig)*.   Ein Sohn, ein schöner Sohn!
M 1 *(gelassen)*.   Aha.
M 2 *(ebenso)*.   Aha.
M 3 *(ebenso)*.   Aha.
M 4 *(ebenso)*.   Aha.
M 5 *(ebenso)*.   Aha.
*(Geschrei der Säuglinge dauert noch einige Momente
unvermindert an, dann jähes Abbrechen, kein Fade-
out.)*

Die tautologische Feststellung »Solange es Kinder gibt,
wird es Kinder geben« legt zunächst mottoartig den
Tatbestand fest. Danach aber (»durchlaufend bis
Szenenschluß«) hebt die vorsprachliche Lautform des
Säuglingsgeschreis das Ausgesagte in den Rang kon-
kretistischer Darstellung. Der Chor der Schwestern
und die Väter (ebenfalls vorsprachlich »Aha«) geben
den auf den primitivsten Ausdruck reduzierten gesell-
schaftlichen Kommentar, die Schwestern (»routinemäßig«) von Berufs wegen, die Väter mit der Attitüde
der Selbst- bzw. der Potenzbestätigung. Die nume-
rische Komponente (fünfmal »Aha«) verallgemeinert.

In der Folge entwickelt sich der sprachliche Ausdruck entsprechend dem Heranwachsen der Söhne bis hin zum Satz, jedoch immer in der lapidarsten Form, die zugleich etwas von der Archetypik formelhaften Redens hat. So gibt schon die Sprache Auskunft über das Thema des Stücks, das den Werdegang von 08/15-Männern aufzeigt. Nicht individuelle Schicksale werden vorgeführt, sondern von der Gesellschaft verordnete Lebensläufe. Reduktion auf den primitivsten gemeinsamen Nenner ist das Prinzip der Gestaltung und der Verknüpfung. – Andere Sprachsteller (z. B. Chlebnikov, Mon oder Handke) benutzen andere Prinzipien.

Das personale Wort

Trotz allem, Wörter, Konsonanten und Vokale als primäre radiofonische Spielelemente sind bisher fast nur in experimentellen Spielen zur Anwendung gekommen. Solche Spiele erhielten Preise, lösten lebhafte Diskussionen und eine rege Publizität aus – das breite Publikum haben sie nicht erreicht. Warum? Es wäre verkehrt, das nur liebgewordenen Hörergewohnheiten zuzuschreiben, die nun einmal auf Rollenspiele fixiert zu sein scheinen. Man erwartet, daß Personen auftreten, die das Wort als Mittel der Verständigung, der Beschreibung, des Nachdenkens, der Einsichten und der Formulierung von Entscheidungen benutzen. Wort also als Medium, nicht als Subjekt. Die Gewohnheit des Hörers, das System der Sprache nicht als Eigenwelt, sondern als Instrumentarium zu sehen, entspringt nicht allein der Bequemlichkeit, wie manche Theoretiker des Neuen Hörspiels mutmaßen. Diese Gewohnheit sieht die Sprache im richtigen Realitätsverhältnis. Sie sieht sie im Bezug zur darstellenden Stimme. Die technisch-artifiziellen Spielarten, die mit dem Wort operieren und mit Laut-Klang-Formen, haben dadurch, daß sie das Wortmaterial verabsolutierten, neue strukturelle und akustische Möglichkeiten erschlossen, aber gleichzeitig den ganzen Umfang der Möglichkeiten des Worts im Hörspiel reduziert. Sie haben die Aufmerksamkeit des Hörers auf das System der Sprache und das der Klänge gelenkt. Aber indem das autonome Wortspiel im System der Sprache verharrt, bleibt es in jenem Bereich, den die strukturale Linguistik seit Ferdinand de Saussure isolierte, um sich als Wissenschaft zu konstituieren. Ausgeschaltet bleibt dabei, genau besehen, das Sprechen, die Rede also von jemand, der augenblicklich etwas über etwas zu jemand sagt. Der Akt des Sprechens als spontanes Ereignis wird der sprachlichen Systemanalyse untergeordnet. Sprachspiele eignen sich vorzüglich zum Vorzeigen von Denkschablonen, soziologischen Typen, Pauschalsituationen und Themen, sie sind offen für das vergnügliche Spiel mit Sätzen und Wörtern und für statistische Reihen, aber sie negieren mit der sprechenden Person auch die individuelle Situation und die Bedeutung der Wörter, die sich auf diese beziehen. Die Relation zwischen Laut und Bedeutung, die jede Sprache kennt, wird kurzgeschlossen und läßt den Erzeuger dieser Verbindung, der normalerweise der sprechende Mensch ist, außer acht.

Wie kommt es aber, daß jemand spricht, welche Fähigkeiten erlauben es ihm? – Für den kreativen Aspekt des Wortgebrauchs hat meines Erachtens Noam Chomsky am einleuchtendsten argumentiert. Die Sprachfähigkeit (»competence«) setzt nach ihm »ein kognitives System voraus, ein System von Wissen und Glauben, das sich in frühester Kindheit entwickelt ... Und dieses System der Sprachkompetenz ist qualitativ verschieden von all dem, was mittels der taxonomischen Methoden der strukturellen Linguistik, der Begriffe der Stimulus-Response-Psychologie oder der Begriffe, die in der mathematischen Kommunikationstheorie oder der Theorie einfacher Automaten entwickelt wurden, beschrieben werden kann.« Chomsky weist auch auf Descartes hin, der glaubte gezeigt zu haben, »daß Erkenntnis und Wille, die beiden fundamentalen Eigenschaften des menschlichen Geistes, Fähigkeiten und Prinzipien involvieren, über die auch die komplexesten Automaten nicht verfügen können«[94]. Die Umsetzung von Gedanken, Willens- und Gefühlsimpulsen in Laute setzt nicht nur das konventionelle System der Sprache voraus, sondern auch einen kreativen Akt, der es dem Sprecher erlaubt, um mit Wilhelm von Humboldt zu reden, »unendlichen Gebrauch von endlichen Mitteln«[95] zu machen. Jeder Mensch ist in der Lage, Sätze zu bilden und Dinge zu sagen, die er vorher noch nicht gehört hat. Es werden in der Regel Dinge und Sätze von anderer Art sein als die durch Permutationen oder Spielverfahren herzustellenden, wie sie etwa die ›Werkstatt für potentielle Literatur‹ entwickelt hat. Darin zeigt sich die besondere Kreativität dieser Spielverfahren. Aber sie sind gewissermaßen ohne Bezug zum Sprecher. Dieser wiederum findet Sätze und Ausdrücke, die ihm näher

liegen, und zwar in dem Sinn, daß er sie aus sich heraus produziert. Damit bringt die Sprache, die er produziert, zum Vorschein, was ihn bewegt, es sei denn,
er benutzt sie, um zu verdecken, was ihn bewegt.
Aber auch dies wird in seiner Sprache erkennbar für
den, der hört, was die Stimme besagt. Denn das Wort
als von der Stimme Hervor- oder Vorgebrachtes wird
im Spiel erst in vollem Umfange tragfähig, wenn es
alles transportiert, was mit dem Akt des Sprechens
zusammenhängt. Es ist ein kreativer Akt des Hervor-
bringens und hat die Offenheit der Zukunft und der
weiteren Kombinationen vor sich. Die Stimme benutzt
zwar das System der Sprache, artikuliert Laute, vor-
geprägte Wörter und hält sich – einigermaßen – an
das syntaktische Gefüge, trotzdem fügt sie Eigenes
hinzu. In der Einheit von Wort und Stimme wird das
Wort zum Funktionselement von besonderer Art. Es
erscheint als von dieser Stimme ausgewählt, in von
dieser Stimme zusammengestellten Kombinationen. Es
kann beschreiben, bezeichnen, benennen, berichten,
schildern, erzählen. So werden mit Hilfe des Worts
von der Stimme Dinge bezeichnet, Umwelt beschrieben, Personen benannt, Vorgänge berichtet, Ereignisse
geschildert und Geschichten erzählt. Welt und Cha-
raktere um die Stimme werden so in den »Gesichts-
kreis« des Hörers einbezogen, Optisches und Erkenn-
bares werden ins Bewußtsein gehoben. Indem es aber
von der Stimme gebraucht wird, aktuell gegenwärtig,
wird das Wort, weil es aus der Situation gesprochen
ist und die Betroffenheit der Stimme von dieser artikuliert, situationsstiftend. Das Geflecht von Beziehungen zu der Stimme und ihr Erlebnisraum wird deutlich. Das Wort kann auch an jemand gerichtet sein,

und damit in kommunikativer Funktion Sozietät stiften. Entweder mit dem Dialogpartner innerhalb des Spiels oder als Anrede an den Hörer mit diesem. Im eindringlichsten Fall wird es auf diese Weise zum betreffenden Wort, das den Angesprochenen betroffen macht, ihn angeht, in sein Schicksal eingreift, ihn zur Entscheidung herausfordert. Im Akt solchen Sprechens wird das Wort zum Ereignis. Es übersteigt die Anonymität des Systems der Sprache und wird zum Ausdruckswort, das aus dem Zentrum einer Person gesprochen ist. So kann es zum Handlungswort werden, sei es nun, daß nur der Prozeß der Äußerung dieser Stimme als Handlung erscheint oder daß es auch »außerhalb« etwas bewirkt oder Wirkungen anstrebt, indem es befiehlt, warnt, ersucht, tadelt, verspricht usw. Das Wort tritt in die Geschichte ein. Das System der Sprache hat kein Subjekt, aber beim Akt des Sprechens kann man fragen, wer spricht? Die Sprache ist nunmehr kein bloßes Instrumentarium, nicht mehr nur disponierbares Werkzeug, sie gerät in einen bestimmten Spielzusammenhang, dessen Fixpunkte Stimmen sind.

Ein Beispiel: Der Lazarus-Monolog aus Günter Eichs Hörspiel *Das Jahr Lazertis*[96]. Dieses Hörspiel hat die Bedeutung des Worts für den Menschen zum Thema, und es macht die Suche nach dem »richtigen Wort« zum dramaturgischen Motor. Der Tiermaler Paul hat es, das richtige Wort, »das alle Geheimnisse löst« und für dessen Dauer »die Welt verwandelt und begriffen« war, gehört, aber im gleichen Augenblick auch wieder vergessen, so daß er nur ein ähnlich klingendes Wort zu konstruieren imstande ist, nämlich ›Lazertis‹. Von nun an stehen alle Stationen seiner Reise glei-

chermaßen unter dem Aspekt seiner Suche nach dem
Sinn seines Lebens und dem darauf gemünzten Wort,
das jeweils eine Variante von ›Lazertis‹ und dem
eigentlich gesuchten Wort ist, dessen Grundform stets
verborgen bleibt. In einem entscheidenden Abschnitt
seiner Geschichte fällt Paul die Aufgabe zu, zu einem
Leprakranken zu reisen, der in einem Indianerdorf
im brasilianischen Urwald haust. Bevor er endgültig
dorthin abreist, ist das Wort ›Lazarus‹ gefallen, das
ja gewisse Anklänge an ›Lazertis‹ hat, und er medi-
tiert nun darüber.

P a u l. Lazarus. Während der Tage, wo mein Boot
stromaufwärts gerudert wurde, dachte ich dieses
Wort. Ich dachte es mit seinen drei Vokalen und
vier Konsonanten, es ist mir wirklich, daß man
ein Wort denken kann. Es bewegt sich, bewegt
sich sehr schnell und immer geradeaus fort, ein
Pfeil, von einer Bogensehne abgeschnellt – dort
ruhte er einmal in gefährlicher Ruhe, aber in
Ruhe. Der Schütze ist unbekannt; ungewiß, wo
das Ziel ist oder ob er sinnlos ins Leere und in
den Zufall geschossen wurde. Rechts und links,
oben und unten erhellen sich kurz, wie von Blitz-
schlägen die Bilder. Sie sind zu deutlich, um zu
bleiben.
Lazarus, biblische Gewänder, eine strenge Hand,
die das Ungefähre ausschließt.
Die Schwären, alle Schwären der Welt, bunte
Bilder aus medizinischen Werken, und man weiß,
daß der Leib ein Grauen ist. Wie, wenn man die
Seele koloriert erblickte? Die Häuser, Ansamm-
lungen von Häusern, Gehöfte verzweifelt über

die Landschaft gestreut, Kühe, Pferde, Schafherden, alles bemüht, aber vergebens. Bibliotheken, vollgeschrieben, um die Einsamkeit zu verheimlichen. Wege, auf denen man nichts anderes erreicht als den Ort, wo man herkam. Aussichtspunkte, als hätte man Aussichten.

Lazarus. Gibt es Wörter, die nicht die Welt enthalten? Der Mann, der in der Urwaldhütte liegt und den Aussatz hat. Er erwartet den Tod. Es geht ihm nicht schlechter als allen. Es geht ihm gut. Man braucht sich nicht um ihn zu kümmern. Ein paar Flaschen Whisky und wieder abfahren. Schade um den Whisky. Man müßte sich um alle kümmern, das ist Sentimentalität. Der Ausweg: Die Kümmernis von Berufs wegen, Hebammen, Krankenschwestern, Ärzte, Priester, Totengräber, Klageweiber, die bezahlten Heilgehilfen aller Art, man muß es ihnen überlassen. Dazwischen der Verdacht, nein schon die Gewißheit, daß Richards blind war. Hatte er überhaupt noch Augen? Konnte ich länger als eine Stunde dieses Gesicht ansehen, das keines mehr war? Vom Ufer her schreit es. Es sind die Affen in den Bäumen, vielleicht Papageien. Gleich wache ich auf. Aber wo liege ich dann? Lazarus, Lazarus.

Hier ist alles angesprochen, wovon Wortoperationen und Wort-Laut-Folgen abstrahieren. Zwar wird das Wort ›Lazarus‹ im Anfang genau so gesehen, wie es die konkrete und die phonetische Poesie betrachten (»ich dachte es mit seinen drei Vokalen und vier Konsonanten ...«), aber es ist zugleich in jedem Augenblick des Ausgesprochenwerdens Produkt dieser Stim-

me und verweist zurück auf den, der da monologi-
siert. Es sind seine Gedanken und Erinnerungen, die
sich in Wörtern niederschlagen; es ist die erzählerische
Beschreibung seiner Lage (»Während der Tage, wo
mein Boot stromaufwärts gerudert wurde«). Der zeitliche und biographische Ort des Sprechers und dieser
selbst (»ich«) werden angegeben. Und während es
scheint, als reflektiere er nur über den Prozeß der
Wortentfaltung, spürt doch jeder, worauf beispielsweise die Pfeilmetapher abzielt: nicht nur auf sprachliche Verifizierung, sondern – hier wenigstens – immer auch auf den Sprecher und die andere Person, die
gemeint ist, der Hörer mit einbezogen. Nur deswegen
kann das Wort auch »ins Leere« gehen, dann nämlich,
wenn es den, dem es gilt, nicht trifft. Paul ist betroffen. Ob es schon der Klangkörper ist, die Vokale und
Konsonanten, die in ihm etwas auslösen, bleibt da-
hingestellt. Der Gleichklang des zweifachen ›a‹ etwa,
hinter dem schon Plato die Bedeutung von Größe und
Gewaltigem vermutete, die Unheimlichkeit des ›u‹,
der gleitende Auftakt des ›l‹, das aufs dunkle Ende
zuführende und scharf zerteilende ›z‹ in der Mitte,
und schließlich die mit dem ausrollenden ›r‹ anheben-
de Schlußsilbe ›rus‹, die etwas Endgültiges hat? Im
Text belegbar dagegen ist, daß die Bilder evozierende
Schicht des Worts Assoziationen bei ihm auslöst. Sein
Wissens- und Glaubensbestand reagiert auf das Stichwort ›Lazarus‹. Die Welt der Bibel taucht auf (der
vom Tode erweckte Lazarus des Johannes-Evange-
liums und der aussätzige Arme bei Lukas) und die
alltägliche Welt der Krankheiten (Lazarett) und des
Todes. Beide vereinen sich in einer Stimmungsschicht,
in deren Schwermut die Welt fragwürdig wird bis

auf den Grund. Die vom Wort ausgelösten Vorstellungskreise legen in der Tat die Frage nahe: »Gibt es Wörter, die nicht die Welt enthalten?« – Bis zu dieser Stelle hält sich der Text immer noch, fast distanziert, im Bereich der Wortinterpretation. Der Spielprozeß des Hörspiels könnte also ein vom Wort getragener spiritueller sein, das Wort könnte seine Welt um sich entfalten, der Sprecher seinen Gedanken nachhängen. Jetzt aber erfolgt der Umschlag in die unmittelbare Situation des Sprechenden und des Kranken, zu dem er unterwegs ist. Der andere Mensch, seine Situation, die, zeitlich weitergedacht, auch die Situation Pauls sein wird oder sein könnte, bestimmen den Gang der Worte und nicht die Worte den Gang der Handlung, obwohl es im Hörspiel so scheinen könnte. Das Wort ›Lazarus‹ hat ihn eingeholt, ihn betroffen gemacht und ihm geholfen, seinen Bezug zur Welt und zum anderen zu reflektieren. Jetzt – im Dialog – zeigt sich konkretes Verhalten der Stimmperson, zu dem das Wort den Kommentar liefert. Bezogen auf den Gesprächspartner steht es in sozialer Funktion.

(In der Hütte)
P a u l. Kein Soda, Sie müssen ihn pur trinken. Sie werden dürsten wie in der Hölle.
R i c h a r d s. An die Hölle bin ich gewöhnt.
P a u l. Wir denken, daß es unsere Pflicht wäre, Sie an die Küste zu bringen.

Ein Gutteil der Funktionsmöglichkeiten des Worts sind in Eichs Hörspiel-Take enthalten. Das Wort als Folge von Konsonanten und Vokalen. Das Wort als Stütze des Denkens, als Mittel, sich auszudrücken, als Organ der Weltbeschreibung und -vergegenwärtigung,

als Instrument der Kommunikation, das Wort als
Handlung der sprechenden Person, usw. Das sind
Funktionen, die das Wort auch im täglichen Leben
hat. Und doch leistet es im Hörspiel mehr. Die Technik hat es zu größerer Selbständigkeit und Beweglichkeit befreit. Es kann sich leichter und besser entfalten,
seine Kreise ziehen, den Hörer in seine Kreise einbe-
ziehen. Er selbst ist freier im Weiterdenken und Wei-
terphantasieren. Das Wort entwirft die Hörspielwelt.
Damit diese Welt existent wird, dazu freilich bedarf
es der darstellenden Stimme.

Stimme

Unter den Resonatoren, den Schallquellen des Hörspiels, nimmt der menschliche Stimmapparat eine besondere Stellung ein. Er übertrifft die Instrumente, seien sie mechanischer oder elektronischer Art bis hin zum Synthesizer, oder auch die dinghaften Geräuscherzeuger der Natur nicht nur in seiner Fähigkeit unmittelbaren humanen Ausdrucks vorsprachlicher Art (Stöhnen, Schreien, Lachen usw.), er ist auch bis dato das einzige Instrument, mit dem Sprache vollgültig zu realisieren ist. Darüber hinaus aber kann die Stimme kenntlich machen, wer spricht, was ihn bewegt, wie er empfindet, wo und aus welcher Situation, warum und zu welchem Ende gesprochen wird. Der menschliche »Synthesizer« besteht aus einem oszillatorischen Teil, den Stimmbändern, die vom Luftstrom, der durch die Stimmritzen hindurchgeht, in Schwingung versetzt werden, und verstärkenden oder selektierenden Komponenten der Klangfarben-Erzeugung wie Schlundkopf, Mund- Nasen- und Rachenhöhlen. Die traditionellen Register, Brust- und Kopfstimme, reichen bei weitem nicht aus, um den ganzen Umfang der Resonanzräume zu beschreiben, die zur Stimmbildung zur Verfügung stehen. Für den bekannten polnischen Schauspielpädagogen und Theaterpionier Jerzy Grotowski gibt es »eigentlich eine unbegrenzte Zahl von Resonanzräumen«[97]. Er erwähnt außer der Kopf- und der Brustresonanz die Nasenresonanz, die Kehlkopfresonanz, die Hinterkopf- und die Unterleibsresonanz. Je nachdem, wo der Stimmansatz liegt, d. h. wo die

Luftsäule ihre Basis findet, ergeben sich charakteristische Variationen der gleichen Stimme. Aber Grotowski verlangt nicht nur, daß der ganze Organismus des Menschen als Resonanzkörper ausgenutzt wird, er verlangt auch, daß mit der Stimme der umgebende Raum zum Sprechen gebracht wird. »Der Zuschauer soll die Stimme des Schauspielers nicht nur deutlich hören, sondern er soll von ihr durchdrungen werden, als erklinge sie stereofon. Die Stimme des Schauspielers muß den Zuschauer umgeben, als käme sie aus jeder Richtung und nicht nur von einem jeweiligen Standort. Selbst die Wände müssen mit der Stimme des Schauspielers sprechen.« Unter den vielen Übungen, die er vorschlägt, zwei:

»a) Mit der Stimme um sich herum einen ›harten‹ oder ›weichen‹ Luftraum schaffen; die Stimme zur Glocke werden lassen, die langsam an- oder abschwillt; einen Laut durch ein weites Tunnel senden, dann durch ein enges Tunnel usw.

b) Sprachliche Aktionen gegen Objekte ausführen: mit der Stimme ein Loch in die Wand bohren, einen Stuhl mit ihr umdrehen, eine Kerze ausblasen, ein Bild von der Wand fallen lassen, mit der Stimme liebkosen, mit der Stimme ein Objekt einhüllen, mit ihr den Boden wischen; die Stimme wie eine Axt benützen, wie eine Hand, wie einen Hammer, wie eine Schere usw.«

Wichtig bei der Ausführung dieser Übungen ist, daß Grotowski darauf besteht, nie bei der Technik stehenzubleiben. Immer muß die Imagination des Schauspielers beteiligt sein, um zur akustischen Imagination zu führen und Verkrampfungen entgegenzuwirken. Hinsichtlich der Laute, die der Schauspieler produziert, dient das System Grotowskis ebenfalls einer Erweiterung der stimmlichen Möglichkeiten. Er fordert die Schauspieler auf, »ungewöhnliche Laute« zu produzieren. Z. B. die Nachahmung von »natürlichen Lauten und von mechanischen Geräuschen: tropfendes Wasser, zwitschernde Vögel, das Brummen eines Motors usw. Zuerst diese Laute nachahmen. Dann sie auf einen gesprochenen Text in der Weise übertragen, daß sich die beabsichtigte Assoziation vermittelt (die Worte ›färben‹).«

Die Welt soll also Stimme werden. Aber auch was in der Welt geschieht und was handelt, soll die Stimme erfassen. Da gibt es z. B. die »Tiger-Übung«. Wem fiele dabei nicht Eichs Hörspiel *Der Tiger Jussuf* ein? Der Schüler (die Beute) brüllt wie ein Tiger. Aber es geht nicht nur darum, zu brüllen. Die Laute sind an einen Text gebunden, dessen Kontinuität wichtig für die Übung ist. Grotowski: »Komm näher . . . Text . . . Schrei . . . Ich bin der Tiger, nicht du . . . Ich fresse dich . . .«[98]

All diese Stimmübungen erweitern die Grundlagen der Schauspielkunst; für den Hörspieler wären sie eigentlich weit wichtiger, sie müßten sogar spezifiziert und erweitert werden, denn sie betreffen sein wesentlichstes Ausdrucksmittel. Dabei ist zu registrieren, daß die Hörspielproduktionen von der Ausbildung der Schauspieler und gelegentlich auch der Sänger profitieren, daß es aber kaum eine systematische Ausbildung für die Spielaufgaben des radiofonischen Mediums gibt, von einigen Ansätzen in den Schauspielschulen abgesehen. Wer herausfinden will, was die Stimme im Hörspiel alles darstellen muß, hat den eigentümlichen Status und die Funktionen zu bedenken, die ihr zukommen. Wenn es z. B. stimmt, daß der Sänger einen

anderen Stimmansatz hat als der Schauspieler, so ist
von beiden der Sprecher und Darsteller im Hörspiel
unterschieden. Sein Stimmansatz muß den Bedingungen des Mikrofons und des Lautsprechers entsprechen.
Die Stimmhaltung ändert sich sogar je nachdem, ob
eine monofone, stereofone oder kopfbezogene Aufnahme gemacht wird. Schauspieler, die etwa nicht be-
greifen, daß es bei einer monofonen Aufnahme kein
Burgtheater zu füllen gilt, sind in einem Studio fehl
am Platz, selbst wenn sie auf der Bühne zu den ganz
großen zählen sollten.

Die Theorie darüber scheint seit einiger Zeit zu sta-
gnieren. Man wandte sich mehr der Sprache und der
Technik zu[99]. Eine systematische Übersicht über das
deutsche Hörspiel von 1923 bis 1973 enthält deshalb
folgerichtig zwar ausführliche Kapitel über Stereofonie, Mediengerechtigkeit, Montage und Sprache, nicht
aber über die Stimme[100]. Hinweise gaben unter der
Hand Autoren der fünfziger Jahre wie Ernst Schnabel und Otto Heinrich Kühner. Kühner: »Der Sinn
des Wortes, seine Gestalt, wird durch die lebendige,
hörbare Stimme im aristotelischen Sinne materialisiert,
versinnlicht; auch personalisiert durch Farbe, Tempo,
Phrasierung, Affekt, Emotion, Atmosphäre und Wort-
gebärde.«[101] Schnabel: »Die Stimme ist ein Ausdrucks-
versuch der Person«.[102] Nachdrücklicher versuchten
damals Wissenschaftler den Stellenwert der Stimme
im Hörspiel zu bestimmen. Fritz Martini schreibt zum
Hörspiel: »Es macht sein Wesen aus und bedeutet
seine künstlerische Möglichkeit, daß es alles nur Stoff-
liche zur entkörperten Stimme auflöst.«[103] Dieter Hasselblatt charakterisiert das Hörspiel als »Sprachspiel
in Stimmen«[104]. Und Armin P. Frank rechnete die

Stimme ausdrücklich unter die »Bausteine«, also die
Elemente des Hörspiels. Aber selbst für ihn ist die
Dominanz des Wortes im Hörspiel unbestritten und
die Stimme mehr ein Klangmittel, das das »evokative
Vermögen des Worts« weckt. Immerhin konstatiert er
eine »eigentliche Funktion« der Stimme im Monolog-
stück, wo »die innere und äußere Entwicklung der
einen zentralen Person durch eine sich über weitge-
spannte Variationen erstreckende Stimmklangvaria-
tion dargestellt werden kann.«[105] Aber die für den
Stimmeinsatz konstitutive Frage (von mir in zwei Ar-
tikeln der *FAZ* gestellt[106]): Wer spielt eigentlich im
Hörspiel? ist bis heute weder von Frank noch überhaupt konsequent erörtert worden. Wieder scheint es
die reflektierende Praxis eines Paul Pörtner zu sein, die
neue Ansätze für eine Grundlagenforschung liefert. Er
erinnert daran, daß »nicht im Sprechen und Gesang
die primären Ausdrucksweisen der menschlichen Stimme liegen, sondern im Bereich expressiver Emotion.
Die Stimme wird als ›Ausdruck der Psyche‹ verstanden, als physiologisches Mittel einer direkten Äußerung des Unterbewußten und Unbewußten, von Ge-
fühlen und pathologischen Zuständen.«[107]
Das ist schon weit gegriffen. Auf die einfache Frage,
wer spielt im Hörspiel? ist zunächst die einfache Antwort fällig: Nichts, was nicht im elementaren Sinn
Stimme wird. Was im Hörspiel keine Stimme hat,
existiert nicht. Es versteht sich, daß so gesehen der
Begriff ›Stimme‹ weit gefaßt ist. Danach können auch
Dinge eine Stimme haben, Tiere, oder der Sturm. Apparate haben eine Stimme, ein Staubsauger z. B. oder
eine Schreibmaschine. Raketen besitzen eine hybride
Ausdruckskraft, um die sie mancher Schauspieler be-

neiden würde. Indem man aber all dem Stimme zuerkennt, anthropomorphisiert man die akustische Welt. Darüber muß man sich im klaren sein. Aber nur so ist auch die Frage »Wer spielt im Hörspiel?« zu beantworten. Mit »Wer?« fragt man nach einer Person, und es ist kaum zu übersehen, daß Stimmen im Hörspiel vom Hörer personal gewertet werden. Selbst da, wo darstellende Personen bewußt negiert werden, wie im Neuen Hörspiel, wo die Wörter erklärtermaßen zu Subjekten werden, geschieht dies auf der Basis der Stimme. Von ihr als dem Basiselement akustischen Ausdrucks ausgehend ist sogar eine gewisse Klassifizierung möglich. Wer spielt? – Worte, Geräusche, Töne? – Sicherlich. Aber was macht dieses Spiel zum Hörspiel? Mit Worten kann man trefflich in allen Gattungen der Sprache, besonders in der Lyrik, spielen. Geräuschkombinationen werden ästhetisch formiert zur »musique concrète«, Töne zur Musik überhaupt; die Schalleinheit, auf welche Knilli die Stimme reduziert, ist ein phonetisches Schallformierungsmittel, mit dem man ein Schallspiel realisieren kann. Wird die Stimme als Stichwortbringer und Instrument der Wortproduktion verwendet, ist sie nur vermittelnde Sprecherstimme. Diese Funktion überwiegt in Feature und Reportage, wo *über* ein Thema reflektiert oder *von* einem Vorgang berichtet wird. Die zitierende Sprecherstimme im Neuen Hörspiel hat eine ähnliche Tendenz. Sie will den Hörer auf etwas anderes lenken als auf die Stimme. Selbst die Erzählerstimme, die in traditioneller Distanz eine Geschichte darbietet, konstituiert kaum Hörspiel, eher Funkerzählung. Will man den Schritt vom Darbietungsspiel zum Darstellungsspiel tun, darf man die Stimme nicht einfach als

Mittel zum Zwecke der Wortproduktion auffassen.
Zumindest begibt man sich damit substantieller Möglichkeiten des Darstellungselements Stimme. Erst
wenn eine Stimme Selbstwert erlangt, d. h. bei einer
Erzählung, wenn sie monologisch akut »spielt«, entsteht Hörspiel als Spiel für Stimmen. Was ist geschehen? Die Stimme ist ins Spiel getreten, hat Rollencharakter angenommen, ist zur darstellenden Sprecherstimme geworden. Das Spiel dreht sich jetzt um
sie, die Aufmerksamkeit wendet sich dem zu, was sie
verkörpert, sie hat einen qualitativen Sprung vom
Mittel zum Zweck getan und kann nunmehr als
Stimmperson selbst thematisch werden. Sie ist das
»Wer«, nach dem gefragt wurde. Wer wäre denn
Subjekt, der »seelischen Impulse, gedanklichen Kämpfe, phantastischen Motive«, welche schon eine frühe
Äußerung (Alfred Auerbach 1927) im Hörspiel finden
will, wenn nicht die Stimme? Stimmen erwecken das
Hörspiel zum Leben, verleihen dem Wort Spontaneität und dem Geschehen Aktualität. Berücksichtigt
man das, so leuchtet die Bedeutung der Sprecherpersönlichkeit in der Produktion eines Hörspiels ein.
Die Wahl der Schauspieler, die bei der Besetzungsbesprechung genannt werden, bedeutet eine Vorentscheidung, die unter Umständen eine Produktion und
ein Stück völlig verändern kann. Der kreative Anteil
der Sprecher bei einer Inszenierung kann kaum überschätzt werden. Das erklärt auch, warum die Verfahrensweisen der Hörspielproduktion so oft mit
denen des Theaters verwechselt werden. Man übersah,
daß die Stimme im Hörspiel in höchst eigener Weise
»erscheint«.
Dazu ist es notwendig, sich an die Bedingungen zu

erinnern, unter denen sie vernehmlich wird. Die
Rundfunktechnik hat sie der Welt der fünf Sinne ent-
zogen und sie eingehen lassen in einen einsinnigen,
zeitlich strukturierten akustischen Beziehungsraum,
den sie in »Großaufnahme« ganz ausfüllen oder mit
anderen Stimmen und akustischen Elementen beleben
kann. Bei dieser Prozedur ist sie selber instrumentali-
siert worden, was ihre technische Manipulierbarkeit
einschließt. Andererseits bringt sie als Sprechstimme
Wörter hervor, artikuliert geräusch- und klangvoll.
So treffen sich in ihr die anderen Konstitutiv-Ele-
mente des Hörspiels, Wort, Laut und Technik. Dies
vorausgesetzt, wird einsehbar, daß die Stimme eine
ganz andere Position einnimmt als die Stimme des
Schauspielers auf der Bühne oder im Film. Sie ist
nicht Ausdrucksmittel dieser sichtbaren Person, sondern kann selbst die Person »verkörpern«. Die Ge-
staltvorstellung, die sie erzeugt, ist mehr geistig-dyna-
mischer Art. Sie schafft allenfalls eine Idee, eine Im-
pression der Person von verschiedenen Deutlichkeits-
graden, gemäß der eigenen Charakteristik und den
unterschiedlichen Vorstellungsintensitäten des Hörers.
Aber Hörspielstimmen, die in erster Linie darauf ausgehen, konkrete Erscheinungsbilder zu vermitteln,
verstehen sich falsch und müssen in der Konkurrenz
mit Bühne, Film und Fernsehen unterliegen. Die Stimme im Hörspiel ist in Wahrheit Gestalt eines optisch
Gestaltlosen. »Die Stimme ist näher ›am Menschen
dran‹ als die neutrale allgemeine Lese-Sprache, und sie
ist stilistisch unfixierter als gestische Gestalt und mi-
misches Gesicht«, sagt Hasselblatt[108]. Man möchte hinzufügen, daß ihr Ursprung »im Menschen drin« oder
»in der Person drin« ist. Damit rückt alles, was »im

Menschen drin« ist, in den Bereich akustischer Objektivierung. Es ist nur die Frage, was ist das und welche Mittel stehen der Stimme zur Verfügung?

In Hellmut Geißners Katalog sprecherischer Ausdrucksmittel[109] finden sich allein innerhalb der »Grundqualitäten« (melodische, dynamische, temporale und artikulatorische) 25 Differenzierungsansätze. Beispielsweise die melodischen: Tonhöhe, Tonhöhenbewegung, Tonhöhenbewegungswechsel, Klangfülle, Klangfarbe, Klangfarbenqualität. Für die »Komplexqualitäten« rhythmischer und melodischer Art treten, nimmt man die Intensitätsskala dazu, noch weitere 30 Gestaltungsmittel. Die Zahl der Kombinationsmöglichkeiten scheint infolgedessen berechenbar zu sein. Aber selbst die astronomische Zahl, die dabei herauskommt, ist unbrauchbar, weil sie nicht die gleitende und prinzipiell unabzählbare Stufenfolge jedes einzelnen Mittels (beispielsweise der Tonhöhe, der Klangfarbe, des Betonungswechsels, der Lautstärke, der Geschwindigkeit, der Pausendauer, der Lautart usw.) mit einbezieht. Aus der uferlosen Fülle des Angebots, die der des Synthesizers ähnelt, trifft die Stimmperson bewußt und unbewußt die Auswahl ihrer Mittel. Alles, was sie ist und was sie bewegt, kann sich im stimmlichen Ausdruck niederschlagen: Die biophysischen Gegebenheiten des Stimmapparates ebenso wie landschaftliche und nationale Gebundenheiten (Dialektfärbung und Sprachduktus), die Zugehörigkeit zu einer sozialen Schicht, Alter und Geschlecht und Schicksal; die psychische Struktur (die Dialektik und die Konflikte zwischen Bewußtem und Unbewußtem), Stimmung, Gefühle, Temperament, aber natürlich auch das, was zum personellen Oberbau gehört, zum bewußten Ich, das zielgerichtet denkt, lenkt, kontrolliert und Stellung bezieht zu sich und der Umwelt bis hin zur Ekstase des Engagements für oder gegen – die anthropologischen Strukturen und Dynamismen insgesamt müßten herangezogen werden, wollte man eine Übersicht über die Variationsskala des stimmlich Ausdrückbaren anlegen.

Dabei ist eine eigentümliche Dialektik zu bemerken, die Identität, Freiheit und Wandelbarkeit einschließt. Die Stimme ist zunächst auf Grund vieler Konstanten mit sich selbst identisch. Sie ist so unverwechselbar, daß der sogenannte »Stimmabdruck« vor deutschen Gerichten als Beweismaterial zugelassen ist. Mit Hilfe des Sonographen wurde beispielsweise der Millionenerpresser Kron aus Düsseldorf überführt. Bruchstücke einer Stimmäußerung werden auf ihre Schwingungen abgetastet, von einem Oszillographen aufgezeichnet und als wissenschaftlich exaktes Stimmbild, als Sonogramm festgehalten. Es ist dem Menschen unmöglich, seine Stimme total zu verstellen. Nicht nur die Sprache der Kindheit schlägt bei den meisten Menschen ein ganzes Leben lang durch, es ist ihnen auch auf Grund ihres gesamten Stimmapparates und ihrer geistigen Verfassung unmöglich, ihre Stimme zu verleugnen – andererseits ist aber der Freiheitsspielraum des Ich, zumal im Hörspiel, wo technische und darstellerische Möglichkeiten ihn potenzieren, so groß, daß die Stimme gleichsam ihre Identität kraft eigener Entscheidung selbst bestimmen kann. Der technisch verabsolutierten Stimme wird auch vom Hörer ein hohes Maß von Souveränität zugestanden. Wofür sie sich ausgibt (bei sachgemäßer Darstellung), wird sie gehalten. Wie in Märchen und Mythos vermag daher alles zu sprechen. Vögel und Götter sprechen in Velemir Chlebnikovs *Zangezi*[110], jenem Hörspiel, bevor es Hörspiele gab (1921), in Vogellaut und überhöhter Menschensprache. Der Rabe Sabeth bei Günter Eich[111] spricht mit menschlicher Diktion, deren Meditations-gehalt ihn in eine andere Dimension versetzt. Dem »Homoaudiovideographen« Reinhard Eichelbecks[112] verhilft die Technik durch Aufblähung und Verklei-nerung der Stimme zu dem Eindruck jenes alles-könnenden Roboters, der den Menschen »voll und ganz ersetzt«. In der real-irrealen Atmosphäre der Todessekunden sprechen bei Walter Erich Schäfer Erde, Flut, Wind und Pistolenkugel *(Die fünf Sekun-den des Mahatma Gandhi)*[113], und selbst bei Brecht *(Der Ozeanflug)* kommen ›Der Nebel‹ (»ich bin der Nebel, und mit mir muß rechnen . . .«) und ›Die Stadt New-York‹ (»Radio: ›Hier spricht die Stadt New-York‹«) zu Wort[114].

Eine Welt in Stimmen tut sich auf, eine Welt, in der Symbolgestalten und Typen, aber auch, und zwar be-sonders überzeugend, die Gedankengänge des Herrn X unserer Tage in ein darstellerisches Spiel miteinander treten können. Die Sache hat aber auch unheimliche Seiten, die auf thematische Möglichkeiten des Hör-spiels hindeuten. Gemeint ist nicht so sehr der Ge-spensterspuk, der sich mit Hall und Schall im Hand-umdrehen produzieren läßt. Gemeint ist die eminente Wandelbarkeit dieses Ausdrucksmediums der Person. Kraft ihrer Freiheit, sich zu identifizieren, vermag die Stimmperson Metamorphosen durchzumachen. Sie kann ihre Identität aufgeben oder verlieren, sich cho-risch ausweiten, aus dem kollektiv Unbewußten spre-chen, sich spalten, ins Grenzenlose ausbrechen. Das

Anonyme selbst kann mit dem Anspruch der Person
auftreten. Die Dämonen der Seele oder der technischen Wirklichkeit können sich zu Wort melden. Be-
zeichnenderweise sind hierbei die technischen Dena-
turierungsverfahren ausgezeichnete Hilfsmittel. Es
bieten sich aber auch die anderen Elemente des Hörspiels in der Funktion von Stimmpartnern an. Das
Geräusch etwa, wie es von Eich in seinem Termiten-
traum[115] dramaturgisch eingesetzt wurde.

Man kann nicht sagen, daß die Autoren bislang die
dramaturgischen Konstellationen und Prinzipien der
Verknüpfung, die das Element Stimme zur Verfügung
stellt, voll ausgeschöpft hätten. Relativ einfache Effekte wie die, Frauen Männerrollen sprechen zu lassen, um die Rollenerwartung, die der Hörer beim
Klang einer Frauenstimme hegt, zu denunzieren (*Für
den Funk dramatisierte Ballade von drei wichtigen
Männern sowie dem Personenkreis um sie herum* von
Elfriede Jelinek[116]) oder Kindern Erwachsenensätze
mit parodistischem Effekt in den Mund zu legen (Wilhelm Genazino, *Frische Erdbeben*[117]), sind zwar thematisch aufschlußreich, aber vom Mittel her nicht
weit von der Hosenrolle entfernt. Auch der Hohl-
formeffekt (*Was sagen Sie zu Erwin Maus?* von Paul
Pörtner[118]; *Paul oder die Zerstörung eines Hörbeispiels*
von Wolf Wondratschek[119]), der die Stimme der zentralen Figur ausspart, um das Drumherum als Konsti-
tutivum zu präparieren, ist in der Theaterliteratur
schon dagewesen. Weniger leicht fiele es der Bühne,
einen Vorgang der Verkleinerung so sinnfällig darzustellen wie die Schrumpfung eines ausgewachsenen
Mannes bis zum Nullpunkt (*Die kleinste Liebe der
Welt* von Miklós Gyárfás[120]).

Aber ganz sicher ist die oft angewendete Konstellation einer Person, die mit ihrer die Gegenwart abstützenden Vergangenheit korrespondiert, in keinem anderen Medium zu der gleichen Dichte zu verweben, wie das mit Stimmen geschehen kann. Peter Hirches *Die Heimkehr*[121] und Hubert Wiedfelds *Crueland*[122] sind Belege dafür. Nicht zufällig wurden beide beim Prix Italia ausgezeichnet (*Die Heimkehr* 1955 mit dem Preis des Italienischen Rundfunks, *Crueland* 1972 mit dem Prix Italia). *Die Heimkehr* arbeitet mit dem Mittel der Blende, *Crueland* mit dem härteren, aktuelleren, weniger besinnlichen Schnitt. Mit der Collage, zu der Produzenten heute häufig greifen, lassen sich Stimmen im Originalton, also im Naturzustand, zusammenschneiden. Das brachte gegenüber der künstlerischen Studioaufnahme einen Gewinn an Unmittelbarkeit und konkrete Farben. Aber die Collagen sind bis dato nicht über eine gewisse statistische Registratur dessen, was ist, hinausgekommen. Die Dynamik eines Progresses, die der schriftstellerischen Fabel eigen sein kann, Entwurf, Fiktion und Zukunft, bekam man darstellerisch nicht in den Griff, selbst wenn die Collage Zukunft zum Thema hatte[123]. Es wird nützlich sein, die Welt- und Persönlichkeits-Strukturen noch intensiver daraufhin zu durchforschen, wie ihnen stimmlich beizukommen ist.

Denn die Stimme hat nicht nur sich selbst als Rollenfigur darzustellen, sondern auch die Umwelt, den »Raum«. Erst wenn die Stimme in den potentiellen Raum, den die Technik eröffnet, den Geräusch und Ton akzentuieren können, »eintritt«, wird aus dem potentiellen Raum ein Hörspielraum. Auch der Blendvorgang bleibt ohne die darstellende Stimme im Sinne des Hörspiels leer. Das wird meist nicht gesehen. Selbst in der Fachzeitschrift *Rundfunk und Fernsehen* behauptet Bartusch, nachdem er ein Textbeispiel für den Blendvorgang gegeben hat: »Das Wort führt ohne Geräusch und ohne Schwierigkeit in den neuen Raum und in das neue Geschehen: das Wort ist zum alleinigen Handlungsträger geworden.«[124] Der Satz ist nicht haltbar. Hier das Beispiel aus Hans Rothes Hörspiel *Verwehte Spuren* (1935)[125]:

I g n a. Ich kann Ihnen alles aus dem Kopf sagen. Meine Mutter ist Pariserin —

L e u t n a n t. Eine halbamtliche Passagierliste muß uns leider mehr gelten als der reizendste Kopf — Verzeihung. Wir nehmen uns einen Wagen und sind in wenigen Minuten bei der Südamerikalinie.

I g n a. Ich danke Ihnen!

S t i m m e n *(einblendend)*.

  — Zweite Klasse ist ausverkauft.

  — Nein, mit dem Dampfer Britannia.

  — Verpflegung ist einbegriffen?

  — Wir wechseln Ihnen die Pfundnoten gern.

  — Die beste Erholung, die es gibt!

A n g e s t e l l t e r. Herr Leutnant?

L e u t n a n t. Ich komme mit dieser Dame in dienstlicher Angelegenheit. Wie hieß das Schiff, Fräulein Vargas?

Wer dieses Beispiel betrachtet, wird erkennen, daß mit dem Wort ›Südamerikalinie‹ zwar der Wegweiser für den Gedanken- und Blendsprung in die neue Situation aufgestellt wurde, daß aber erst die darstellenden Stimmen, die aus der neuen Situation sprechen, diese Situation aktuell konstituieren. Derselbe Text, einem

Erzähler in den Mund gelegt, würde keine Hörspiel-
situation ergeben.

Der Bühnenraum ist schon da, wenn noch kein Schauspieler aufgetreten ist, der Hörspielraum gewinnt erst
Kontur mit dem Erklingen der darstellenden Stimme.
Sie färbt den »Raum« mit ihrer Lebensatmosphäre
und bezeichnet die Verhältnisse. Grundverschieden ist
die Sprechhaltung dessen, der jemand anspricht (rea-
ler Raum) von dem, der mit sich selbst spricht (innerer Raum) oder der in der Art platonischer Dialoge
Gedanken austauscht. Die Intensität des Sprechens
läßt die Entfernung ermessen, die der Sprechende zu
überbrücken gedenkt. In Wahrheit geht es aber im
Hörspiel, speziell im monofonen, nicht um die Illusion
eines geometrischen Raumes, sondern um die Schaf-
fung eines Beziehungs-, Stimmungs- und Erlebnisrau-
mes, beziehungsweise um Spielmöglichkeiten für Stimmen, die je nach Aufnahmeverfahren gewisse Raum-
eindrücke vermitteln. Die Stimme schafft nicht eigentlich Raum, sondern Situation. Aber auf diese Weise
wird das Kuriosum möglich, daß die »körperlose«
Stimme außer der Person den Ort der Handlung und
dazu die Handlung verkörpert. Eine neue Dreieinheit!
So kann in der Tat das Wort des Aristoteles, das
Heinz Schwitzke zwei Hörspielbändchen voranstellt,
»Sprich, damit ich dich sehe«[126], für die Hörspielstim-
me erweitert werden: »Sprich, damit ich dich und
deine Welt sehe.« Wobei die Welt ihre Achse nicht in
der Körperwelt hat, sondern im spirituellen Prozeß
des Hörspiels. Es erklärt sich daraus ohne weiteres die
nahezu grenzenlose Freiheit und Beweglichkeit in
Zeit-, Raum- und Wirklichkeitsebenen. Denn wohin
sich die Stimme versetzt, dort ist sie für den Hörer.

Spielend kann sie eine fiktive Situation errichten und
weiterspringen. Ein unerhört beweglicher und »weit-
räumiger« Spielzusammenhang entsteht, für den einzig das menschliche Denk- und Vorstellungsvermögen
eine »adäquate Bühne« bietet.
Bezahlt wird die Freizügigkeit mit dem Verlust all
der Spielmöglichkeiten, die die Optik und das Spiel
zwischen Optik und Stimme bereitstellt. Das unter-
scheidet das Hörspiel grundsätzlich von den darstellenden Gattungen des Films und der Bühne. Bevor auf
der Theaterbühne ein Schauspieler zu sprechen beginnt, ist der Zuschauer schon im Bilde. Er erfaßt mit
dem Bühnenbild und den leibhaftigen Schauspielern
Zeitalter und Alter der Personen, Lebensatmosphäre
und Stil des Stückes und der Aufführung, das gesell-
schaftliche Verhältnis und das aktuelle Spannungsverhältnis der Personen zueinander. Und welche dramaturgischen Möglichkeiten ergeben sich erst aus dem
Spiel zwischen dieser Sichtbarkeit und dem hinzutre-
tenden Wort! Der Zwiespalt zwischen Erscheinung
und Rede, die Mimik, die »nein« sagt, während der
Mund »ja« beteuert, der König in Lumpen, ausgewie-
sen durch sein königliches Wort – diese ganze er-
regende und bedeutungsreiche Spannung entfällt im
Hörspiel. Welche Möglichkeiten tauscht das Spiel für
Stimmen dagegen ein? Gewissermaßen immateriell,
braucht sich die Stimme nicht in das Erfahrungs-
schema äußerer Vorgänge einzuordnen, sondern handelt nach der inneren Gesetzmäßigkeit des Hörspiel-
vorgangs. Neuartige Kombinationen von direkter und
innerer Rede und damit verbunden Kombinationen
von Wirklichkeits- und Denkdimensionen werden
möglich, ebenso Kombinationen und Konfrontationen

von örtlich und zeitlich getrennten Stimmen. Dazu
treten Montagen der verschiedensten Stimmaus-
drucksformen vom Sprecher bis zur imaginären Stimme oder deren Zusammenklang mit Dialogstimmen,
die man technisch oder musikalisch-rhythmisch modu-
lieren kann.

Eine »Dramaturgie« der Daseins- und Denkschichten
kommt in Sicht. Möglich ist aber auch das Konzert
für Stimmen und die Choreographie (Stereo). Möglich
wird der Mann im Ohr und im Hinterkopf ebenso
wie das Stimmenplanetarium (Kunstkopf-Stereofonie). Der den sichtbaren Koordinaten der Wirklichkeit entzogene akustische Raum ist offen für die Ko
ordinaten einer den Dimensionen der Stimme entsprechenden Welt. Diese Welt hat ihre eigene Realität, ist
klar unterschieden von dem, was Film und Bühne vor-
zuzeigen vermögen. Vieles, was die moderne Wirklichkeit auszeichnet, ist hier zutreffender zu reflektieren als dort. Das Hörspiel ist mit Hilfe der angegebe-
nen Möglichkeiten schon in viele Bereiche vorgesto-
ßen. Selten aber hat es die Stimme selbst zum Thema
gemacht oder zum Agens der Dramaturgie. Ausnahmen unsystematischer Art bestätigen die Regel. Der
jugoslawische Schriftsteller Vitomil Zupan hat das
Ich einer Person in viele Ichs gespalten, die ihre Bestandteile sind. Da gibt es im Personenverzeichnis das
zweifelnde Ich, das gläubige Ich, das vitale Ich, das
Ur-Ich, das analytische Ich usw., zwölf Ich-Perspek-
tiven an der Zahl. Nur zwei Stimmen anderer Personen melden sich in diesem Gewirr von inneren Stimmen zu Wort, das nach dem Willen des Autors wie
ein Strom dahinfließen soll und die inneren Bewegungen und Spannungen eines Mannes morgens beim

Aufstehen hörbar zu machen versucht *(Aufruhr am Morgen)*[127].

Es ist keineswegs so, daß die Autoren keine Spiele für Stimmen schreiben wollten. Dylan Thomas läßt in *Unter dem Milchwald*[128] panoramaähnlich eine Kleinstadt aus Stimmen entstehen. Georges Perec sucht mit seinen Co-Autoren Philippe Drogoz und Eugen Helmlé das Stimmenbild eines Tagesablaufs in einer großen Stadt zu skizzieren *(tagstimmen)*[129]. Die drei jugoslawischen Autoren Kucis, Bajsić und Jurjević collagierten aus Radiostimmen ein ironisches Porträt ihrer vielsprachigen Ätherlandschaft *(Ad libitum)*. Aber alle diese Beispiele, die sich vervielfältigen ließen, haben gemeinsam, daß sie dem Rollenspiel (Dylan Thomas), dem Sprachspiel (Perec) oder der musikalisch akzentuierten Reportage verpflichtet sind. Ludvík Aškenazy entwickelt sogar eine Art Anthropologie der Stimme innerhalb seines Hörspiels *Auf eigene Rechnung*[130], die diesem zur dramaturgischen Folie dient. Sie zeigt frappierende Parallelen zur neuen Konzeption der Stimmbildung des 1938 nach London emigrierten unorthodoxen Gesangslehrers Wolfsohn, von dem Paul Pörtner *(Die menschliche Stimme)* berichtet. Pörtner: »Alfred Wolfsohn hatte es als Sanitäter im ersten Weltkrieg mit verwundeten Soldaten zu tun gehabt. Er vergaß nie die Schreie der Sterbenden, die ›Mammi‹ riefen, nach der Mutter schrien mit einer Stimme, die nicht vergleichbar war mit ihrer normalen Sprechstimme. ›Es‹ schrie aus ihnen, erkannte Wolfsohn, und er widmete sich ganz der Erforschung des Zusammenhangs von Stimme und Unbewußtem. Er unterrichtete unter anderem Sänger, die ihre Stimme verloren hatten. Da keine normalen

Methoden der Stimmerziehung halfen, versuchte er es
mit einem Psychotraining. Mittels der Stimme lassen
sich die im Wachbewußtsein unterdrückten, nur im
Traumbewußtsein existierenden Formen des Ich evo-
zieren: Das Kind in mir, das Weibliche in mir, also die
feminine Komponente im Mann, die maskuline Komponente in der Frau; die verinnerlichte Beziehung
von Vater und Mutter läßt sich herausstellen; die
Selbstentfremdung des Ich in den Alltagsrollen,
den Berufsrollen, läßt sich zumindest kenntlich machen.«[131]
Aškenazy entwickelt sein Hörspiel aus einem ver-
gleichbaren Zustand, nämlich dem zwischen Schlafen
und Wachen. Sein »Held«, der Beamte Pokscheftel,
wird am Morgen nach seinem vierzigsten Geburtstag
von einem Telefonanruf geweckt, durch den ihm der
Tod eines fast vergessenen älteren Freundes mitgeteilt
wird. Er gleitet wieder in den Schlaf hinüber und gerät mit einer Stimme ins Gespräch, die sich als seine
frühere, eigene, nämlich die des siebzehnjährigen
Pokscheftel, zu erkennen gibt. Man ruft sich Episoden
in Erinnerung, kritisiert und gibt Ratschläge, und
schließlich fragt die siebzehnjährige Stimme:

S t i m m e. Hat dir jemand etwas zum Geburtstag
    geschenkt? Ich habe immer viele Geschenke be-
    kommen.
P o k s c h e f t e l. Nein. Hast du vielleicht ein Ge-
    schenk für mich?
S t i m m e. Was wünschst du dir?
P o k s c h e f t e l. Deine Stimme! Ich hätte deine
    Stimme gern.
S t i m m e. Du hast sie ja. Der Mensch hat alle seine

Stimmen. Möchtest du das mit den Stimmen hören?

Pokscheftel. Jarinku, sag mir das mit den Stimmen. Zum Geburtstag.

Stimme. Der Mensch hat eine Frühlingsstimme und eine Sommerstimme.

Pokscheftel. Ja –

Stimme. Und eine Herbststimme und zwei Winterstimmen – eine warme und eine kalte. Eine Hauptstimme und eine Nebenstimme. Und eine Stimme, die er fürchtet, weil ...

Pokscheftel. Sag das, bitte, nicht.

Stimme. Und eine entfaltete Stimme und eine wiedergefundene Stimme. Und eine zerbrochene Stimme und eine zusammengeklebte Stimme, und eine eingefrorene Stimme. Die Frau hat ihre Männerstimme und der Mann hat seine Frauenstimme.

Pokscheftel. Das war wirklich ein schönes Geschenk von dir, Jarinek.

Stimme. Und in allen diesen Stimmen knistert die Stimme des Henkers und zwitschert die Stimme der Hure. Und unter allem summt ein Kind vor sich hin.

Pokscheftel. Und unter allem summt ein Kind vor sich hin.

Stimme. Und die Stimme derer, denen der Mensch Unrecht getan und derer, die er geliebt hat.

Pokscheftel. Ich danke dir, Jarinek. Das träume ich als Geburtstagsgeschenk, nicht wahr? ... Weißt du, Jarinek, ich bin heute vierzig geworden und wir haben mächtig gefeiert. Wir sind an

sich ein einziges Tier, das Geburtstag feiert. Ohne
den geringsten Grund dazu zu haben.

S t i m m e. Wir sind kein Tier.

P o k s c h e f t e l. Doch, ich sage es dir als vierzig-
jähriger Mann. Das mußt du, der siebzehnjährige
Junge, mir abnehmen, mein Freund. Du könntest
ja leicht mein Sohn sein.

S t i m m e. Du irrst, ich bin dein Vater.

In der Folge konkretisieren sich einige der angesprochenen Stimm-Möglichkeiten Pokscheftels. Wer in seinem Leben das Kind, der Henker, die Hure war,
kommt akustisch zum Vorschein, wen er geliebt hat
und wem ein vorschneller Haß galt. Es ist klar, daß
es sich hier um ein Rollenspiel handelt, das den in
Frage stehenden Zeitraum eines Menschen mit Hilfe
der Dramaturgie der Blende durchmißt. Die oft versuchte herkömmliche Form poetischer Lebensbilanz
mit Rück- und Simultanblenden ist in diesem Stimmenspiel zur Reife gebracht. Aškenazy erhielt 1964
dafür den Preis der RAI. Ein Experiment mit der
Stimme, das in eine spezifische Dramaturgie um-
schlüge, strebt dieses Hörspiel nicht an.

Zu einem solchen Experimentieren gehörten Versuchs-
anordnungen, durch die das Element Stimme selbst
überprüft würde. Die radikalen Hör-Gedichte der
Lautpoeten enthalten mit der Stimme bereits ein dra-
maturgisches Element. Bei stärkerer Konzentration
auf dieses könnten die Laute rückbezüglich auf die
Stimme verstanden werden, und daraus könnten sich
Spiele entwickeln.

Beispiel: Zwei Stimmen laden sich in gegeneinander-
gerichteten Aktionen bis zu einem Aggressionsstau

auf, dessen Lösung oder Entfesselung den Einsichten
der Autoren zu entsprechen hätte. Musikalisch ist
Ähnliches schon versucht worden; aber die Entfesselung der Stimme in der Neuen Musik folgt ebenso
eigenen Kompositionsprinzipien, wie die Verlaufskur-
ven der Sprachspiele aus einer eigenen Logik entstehen. Im Spiel für Stimmen hätte die Eigendynamik
der Stimmpersonen die Dramaturgie zu bestimmen.
Für die praktische dramaturgische Arbeit ergeben sich
aus der Beachtung des Elements Stimme eine Fülle
fruchtbarer Ansätze. Die Individualität der Stimme
legt den Gedanken nahe, im konkreten Fall von einer
bestimmten Stimme auszugehen und sie auf ihre Ausdrucksmöglichkeiten auszuhorchen. Ein Zusammenwirken von Autor und Schauspielern, die sich bei der
Entwicklung eines Spiels gegenseitig inspirieren könnten, wird als Chance sichtbar. Eine Fülle von Spiel-
modellen ist denkbar.
Nur einige Beispiele: Die Frage, in welcher Rolle der
Mensch eine ungewöhnlich große Zahl von Stimm-
kreationen vorsprachlicher Art benutzt, könnte auf
den Gedanken bringen, das Entstehen einer Clowns-
nummer, ja das Entstehen eines Clowns durchzuspielen. – Fabel: Ein arbeitsloser Schauspieler hat zum
ersten Mal unbemessene Zeit und denkt über sich und
seine Rolle in der Welt nach, über sich und seine
Stimme. Er probiert alles, was ihm stimmlich erreichbar ist, durch und findet im Chaos der Möglichkeiten
seine verzweifelt komische Stimme. Damit hat er den
archimedischen Punkt erreicht, von dem aus er sich
selbst und seine Misere spielerisch aus den Angeln
heben kann.
Die Wahlmöglichkeit der Stimme im Hörspiel bei

gleichzeitiger Identität gibt einer Stimmperson in der Pubertät, im Stimmbruch, im gebrochenen Zustand zwischen Kind und Erwachsenem, vielleicht einem Schüler der Abschlußklasse die Möglichkeit, im Vorentwurf Berufs- und Lebensmodelle durchzuspielen.

Im Gegensatz zu diesen synthetischen Rollenentwürfen wären analytische denkbar. Sie könnten sogar als Rücklauf mit dem Voraufgegangenen gekoppelt werden. Z. B.: Ein Politiker hört Reden von sich ab und fragt sich erschreckt, was oder wo seine wahre Stimme ist. Er prüft zurück durch alle Stationen seines Lebens, um diese wahre Stimme zu finden, bis er übers Weinen oder den Schrei auf seine Stimme stößt, die auch die des Neugeborenen sein kann, seine elementare Stimme. Diese Versuche haben Ähnlichkeit mit der Stimmtherapie, die in den psychologischen Sitzungen Arthur Janovs versucht wird[132].

Ich selbst habe 1964 ein Hörspiel angelegt (*Also sprach der Orang-Utan*), das den Versuch macht, objektive Schichten der Person aufzudecken, zwischen denen sich das Selbst zu finden hat. Die Grundschicht wird mit taoistischen Texten von einer Orang-Utan-Stimme simuliert, der die Stimmen eines Wissenschaftlers, eines Politikers und einer Frau gegenüberstehen. Zumindest die Stimmen der männlichen Protagonisten sollen von der gleichen Stimme mit deutlichen Verfremdungseffekten gesprochen werden. Bindende Monologstimme ist die vom Orang abgespaltene Stimme des Utan, was ja auf deutsch Mensch heißt.

Das alte Motiv des Märchens *Das kalte Herz* von Wilhelm Hauff, das Günter Eich und Mark Lothar ihrer gleichnamigen Funkoper 1935 zugrunde legten, könnte in moderner Version neu erstehen. Eine Menschenstimme könnte sich dabei in eine Roboterstimme verwandeln.

Mit Stimmen lassen sich Stimmlandschaften entwickeln (Park mit Fontäne z. B., wobei aus litaneiartigem Gemurmel springbrunnenartig Einzelstimmen aufsteigen) oder auch geschichtliche Vorgänge verdeutlichen (die Stimme einer geschichtlichen Persönlichkeit, sagen wir Maos oder Christus', könnte kombiniert werden mit den Stimmen ihrer Nachbeter und ihren divergierenden Intensionen).

Ich breche hier ab, in der Hoffnung, daß das Kapitel ›Dramaturgie der Stimme‹ von Autoren, Regisseuren und Hörspielern weitergeschrieben wird.

Anmerkungen

Über Texte und Sekundärliteratur informiert eingehender: *Das Hörspiel. Eine Bibliographie. Texte – Tondokumente – Literatur.* Hrsg. von Uwe Rosenbaum [NDR]. Hamburg: Hans-Bredow-Institut 1974.

1 Hughes, Richard: »Gefahr«. In: Schmitthenner, Hansjörg: *Dreizehn europäische Hörspiele.* München 1961.
2 Pierre Cusy und Gabriel Germinet, *Maremoto*, Erstsendung 23. Oktober 1924, die preisgekrönte Arbeit eines Wettbewerbs, den die französische Wochenzeitung *Impartial Française* ausgeschrieben hatte. Deutsches Manuskript: Hessischer Rundfunk. Französischer Text im Rechenschaftsbericht der Autoren: *Théâtre Radiophonique, mode nouveau d'expression artistique,* Paris 1925, in dem sich auch der ebenfalls preisgekrönte reine Monolog »Agonie« von Paul Camille findet.
3 Flesch, Hans: »Zauberei auf dem Sender. Versuch einer Rundfunkgroteske«. In: *Funk* (1924), S. 543–546; auch in: ›*Zauberei auf dem Sender‹ und andere Hörspiele.* Hrsg. von Ulrich Lauterbach, Frankfurt a. M. 1962 (Schriften der Frankfurter Gesellschaft für Theaterwissenschaft).
4 Für den Einstieg der Literaten mögen Bertolt Brechts Aufsätze zur Radiotheorie (»Radiotheorie«, in: *Gesammelte Werke*, Bd. 18, Frankfurt a. M. 1967), verfaßt 1927 bis 1932, und die Kasseler »Arbeitstagung Dichtung und Rundfunk« 1929, an der u. a. Herbert Eulenberg, Friedrich Bischoff, Ludwig Fulda, Ernst Hardt, Hermann Kasack, Friedrich Schnack, Arnold Zweig und Alfred Döblin teilnahmen, symptomatisch sein.
5 Die Vorstellung, daß das Hörspiel eine Form des Dramas sei, ist seit Beginn seiner Geschichte verbreitet. Ex-

treme Äußerungen, z. B. das Hörspiel habe »sklavisch
den dramaturgischen Gesetzen« zu gehorchen (Gott-
fried Müller, *Dramaturgie des Theaters, des Hörspiels
und des Films*, Würzburg 1962), und die Tatsache, daß
die Hörspiel-Abteilungen in vielen Ländern und Rundfunkanstalten noch heute Drama Department, Drama
Section usw. heißen, sind Zeichen einer fortbestehenden
Einschätzung. – Ebenso gibt es Versuche, das Hörspiel
im Epischen festzumachen, z. B. durch Arno Schirok-
auer in den zwanziger Jahren. Das epische Hörspiel als
Spezialform wird bis heute registriert (etwa von Arnim
P. Frank und E. K. Fischer), Dieter Hasselblatt gab
Funkerzählungen heraus (Köln 1963), und die »Große
Form«, von Ernst Schnabel so genannt und mit dem
Roman für den Funk *Der sechste Gesang* (1956) belegt,
wird weiterhin versucht (*Keine Zeit für Trips* von Ha-
dayat-Ullah Hübsch, 1972, und *Unterwegs* von Kay
Hoff, 1976).
Besonders in den fünfziger Jahren, als Lyriker wie
Günter Eich und Ingeborg Bachmann die eindeutigsten
Hörspiele schrieben, aber auch davor und danach,
wurde im Hörspiel eine essentiell lyrische Kunstart gesehen. Heinz Schwitzke erklärte es als eine »reine sub-
jektiv-lyrische Form des Westens« und befand per Definition, das Hörspiel besitze »lyrischen Charakter,
seine Personen verhalten sich wie das in der Lyrik
sprechende Ich zur Dramenfigur ...« (*Das Hörspiel,
Dramaturgie und Geschichte*, Köln 1963).

6 Z. B. Alfred Döblin auf der »Arbeitstagung Dichtung
und Rundfunk« im September 1929 in Kassel (vgl.
H. Schwitzke, *Das Hörspiel, Dramaturgie und Geschichte*, Köln 1963).

7 Vgl. Fischer, Eugen Kurt: *Das Hörspiel. Form und
Funktion*. Stuttgart 1964.

8 Döhl, Reinhard: »Versuch einer Geschichte und Typologie des Hörspiels in Lektionen«. Sendereihe des WDR

seit März 1970. Sie ist Ende 1976 mit zwei Sendungen beim »Hörspiel der fünfziger Jahre« angekommen und wird weitergeführt.

9 Knilli, Friedrich: *Das Hörspiel. Mittel und Möglichkeiten eines totalen Schallspiels.* Stuttgart 1961.

10 Brock, Bazon: »Auf dem Wege zu einer Grammatik akustischer Umweltwahrnehmung«. In: Schöning, Klaus (Hrsg.): *Neues Hörspiel. Essays, Analysen, Gespräche.* Frankfurt a. M. 1970 (edition suhrkamp 476).

11 Heißenbüttel, Helmut: »Horoskop des Hörspiels«. Referat anläßlich der Internationalen Hörspieltagung in Frankfurt a. M. 1968. In: *Sonderheft der Deutschen Akademie der Darstellenden Künste und des Hessischen Rundfunks*; auch in: Schöning, Klaus (Hrsg.): *Neues Hörspiel*, vgl. Anm. 10.

12 Frank, Armin P.: *Das Hörspiel. Vergleichende Beschreibung und Analyse einer neuen Kunstform, durchgeführt an amerikanischen, deutschen, englischen und französischen Texten.* Heidelberg 1963.

13 ›Die innere Bühne‹, ein oft gebrauchter Ausdruck, unter anderem Kapitelüberschrift im Vorwort zu Erwin Wikkerts Sammelband *Cäsar und der Phönix*, Stuttgart 1956.

14 Werke wie beispielsweise *One Two Two* von Ferdinand Kriwet (in: Schöning, Klaus [Hrsg.]: *Neues Hörspiel*, s. Anm. 10) und *Maschine Nr. 9* von Wolf Wondratschek, Bernd Brummbär und Georg Deuter tragen diesem Gedanken Rechnung (Schallplatte: *Maschine Nr. 9.* Deutsche Philips GmbH 6305221 D).

15 Wickert, Erwin: *Der Klassenaufsatz. Alkestis.* Stuttgart 1973 u. ö. (Reclams Universal-Bibliothek Nr. 8443); zuerst in: W., E.: *Cäsar und der Phönix.* Stuttgart 1956.

16 In: Eich, Günter: *Gesammelte Werke.* Bd. 2. Hrsg. von Heinz Schwitzke. Frankfurt 1973; weitere Veröffentlichungen vgl. *Das Hörspiel. Eine Bibliographie.* Hamburg 1974.

17 Vgl. Geipel, Robert: »Das Tonband im Dienst sozial-

pädagogischer Arbeit«. In: *Gesellschaft, Staat, Erziehung* 1 (1960). – Klippert, Werner: »Das Hörspiel – ein zeitgerechter Bildungsgegenstand«. In: *Heimatkunde und Gesamtunterricht.* Hessischer Rundfunk, Schulfunk, Sommerprogramm 1966. – Klose, Werner: *Didaktik des Hörspiels.* Stuttgart 1974. – Lermen, Birgit H.: *Das traditionelle und neue Hörspiel im Deutschunterricht.* Paderborn 1975.

18 Vgl. Klippert, Werner: »Kommt das kybernetische Hörspiel? – Schallspiel, Wortspiel oder Spiel für Stimmen. Entwicklung für die Zukunft«. In: *Frankfurter Allgemeine Zeitung,* 2. März 1962.

19 Grotowski, Jerzy: *Das arme Theater* [Titel der englischen Originalausgabe: *Towards a Poor Theatre*]. Hannover 1969.

20 Pörtner, Paul: »Die menschliche Stimme«. Dreiteilige Sendereihe des NDR 1974.

21 Janov, Arthur: *Der Urschrei.* Frankfurt a. M. 1973.

22 Frank, Armin P.: *Das Hörspiel,* s. Anm. 12.

23 Vgl. Kamps, Johann M.: »Beschreibung, Kritik und Chancen der Stereophonie im Hörspiel«. In: *Akzente* 1 (1969). (Das von Kamps zusammengestellte Heft ist die erste Sammlung von Aufsätzen zum Neuen Hörspiel. Autoren sind Hellmut Geißner, Helmut Heißenbüttel, Heinz Hostnig, Johann M. Kamps, Franz Mon, Hermann Naber, Horst Petri, Paul Pörtner.) – Vgl. auch Hostnig, Heinz: »Erfahrungen mit der Stereophonie«. In: Schöning, Klaus (Hrsg.): *Neues Hörspiel,* s. Anm. 10.

24 Kolb, Richard: *Das Horoskop des Hörspiels.* Berlin 1932 (Rundfunkschriften für Rufer und Hörer).

25 Informationsblätter der Georg Neumann GmbH, 1 Berlin 61, vom 8. Dezember 1972.

26 In: *RIAS express-aktuelle Information,* Berlin, 24. September 1973. Hrsg.: Abt. Presse und Information RIAS-Berlin.

27 Vgl. Anm. 26.

28 Martschenko, Tatjana: »Montage, Raum, Zeit«. In: *Rundfunk und Fernsehen*. Prag. H. 4 (1970). Der Aufsatz ist ein Auszug aus T. Martschenkos Buch *Das Funktheater. Einige Seiten seiner Geschichte und einige Probleme* [russ.]. Moskau: Verlag Iskusstwo 1970.

29 Vgl. Anm. 28.

30 Mon, Franz: »Collagetexte und Textcollagen«. Sendemanuskript des SDR, 1969.

31 Mon, Franz: »das gras wies wächst«. In: *Akzente* 1 (1969); auch in: Schöning, Klaus (Hrsg.): *Neues Hörspiel. Texte, Partituren*. Frankfurt a. M. 1969. Als Schallplatte: Deutsche Grammophon-Gesellschaft/Luchterhand 1972.

32 Harig, Ludwig: »Staatsbegräbnis«. In: H., L.: *Ein Blumenstück. Texte zu Hörspielen*. Wiesbaden 1969. Als Schallplatte: *Staatsbegräbnisse* (Staatsbegräbnis 1, Staatsbegräbnis 2). Verlegt In den Weingärten 13 bei Klaus Ramm in Lichtenberg 1975.

33 Wondratschek, Wolf: *Paul oder die Zerstörung eines Hörbeispiels. Hörspiele*. München 1971 (Reihe Hanser 72); auch in: Schöning, Klaus (Hrsg.): *Neues Hörspiel*, s. Anm. 31.

34 Sendemanuskript des SR 1971.

35 Handke, Peter: »Weissagung«. In: *Publikumsbeschimpfung und andere Sprechstücke*. Frankfurt a. M. 1966; auch in: H., P.: *Der Rand der Wörter*. Stuttgart 1975 (Reclams Universal-Bibliothek Nr. 9774).

36 Becker, Jürgen: Bilder. Häuser. Hausfreunde. Drei Hörspiele. Frankfurt a. M. 1969. – Einzelausgabe: B., J.: *Häuser*. Stuttgart 1972 (Reclams Universal-Bibliothek Nr. 9331).

37 Wühr, Paul: *Preislied*. Stuttgart 1973 (Reclams Universal-Bibliothek Nr. 9749); auch in: *So spricht unsereiner. Ein Originaltext-Buch*. München 1973.

38 Sendemanuskript des HR 1966.

39 Vgl. Anm. 30.

40 Für das *Fischer Lexikon* (Bd. 9: *Film, Rundfunk, Fernsehen*, hrsg. von Lotte H. Eisner und Heinz Friedrich, Frankfurt a. M. 1958) ist die »Dramaturgie des Hörspiels mit der Dramaturgie der Blende schlechthin identisch«.

41 Schwitzke, Heinz: *Das Hörspiel. Dramaturgie und Geschichte*. Köln 1963. – *Sprich, damit ich dich sehe. Sechs Hörspiele und ein Bericht über eine junge Kunstform.* Hrsg. von Heinz Schwitzke. München 1960 (List-Tb. 164).

42 Vgl. Anm. 41.

43 Knilli, Friedrich: *Das Hörspiel*, s. Anm. 9.

44 Siehe Anm. 9.

45 *Handbuch für das ›SYNTHI‹* (1973). Electronic Music Studios (EMS), 277 Putney Bridge Road London. (Deutsche Vertretung: Electronic 2000, Ditzingen-Heimerdingen.)

46 Funk, Heinz: »Das Phänomen Synthesizer«. In: *Das Musikinstrument* 2 (1972).

47 Vgl. Anm. 46.

48 Vgl. Anm. 9.

49 Kaegi, Werner: *Vom Sinuston zur elektronischen Musik* [Stereo-Schallplatte]. Stuttgart: Verlag Der Elektroniker 1971.

50 Braun, Alfred: »Hörspiel« (1929), aus: Hans Bredow: »Aus meinem Archiv. Das erste Jahrzehnt im Berliner Vox-Haus«. In: *Rundfunk und Fernsehen*. Hamburg. H. 1/2 (1959).

51 Hansjörg Schmitthenner nennt z. B. im Nachwort zu *Dreizehn europäische Hörspiele* (München 1961) das Hörspiel »eine neue Gattung der Literatur«.

52 Knilli, Friedrich: *Das Hörspiel*, s. Anm. 9.

53 Zitiert nach Knilli, F., s. Anm. 9.

54 Hindemith, Paul: *Unterweisung im Tonsatz*. Mainz 1940.

55 Vgl. Anm. 54.

56 Kagel, Mauricio: »(Hörspiel) Ein Aufnahmezustand«. In: Schöning, Klaus (Hrsg.): *Neues Hörspiel*, s. Anm. 31.

57 *Der Bund*, Bern, 23. April 1966.

58 Vgl. Zillig, Winfried: *Die Bedeutung der Musik im Hörspiel. Vortrag mit Musikbeispielen*. Demonstrations-Tonband des HR. Erstsendung 23. September 1960.

59 Ahlsen, Leopold: »Philemon und Baucis«. In: Schmitthenner, Hansjörg: *Sechzehn deutsche Hörspiele*. München 1962; auch in: *Hörspiele*. Frankfurt a. M. 1970 (Fischer-Tb. 7010) – sowie in mehreren Sammelbänden. – Einzelausgaben: Paderborn 1961 (Schönings deutsche Textausgaben Nr. 321); Stuttgart 1969 u. ö. (Reclams Universal-Bibliothek Nr. 8591).

60 Bachmann, Ingeborg: *Der gute Gott von Manhattan*. Stuttgart 1970 u. ö. (Reclams Universal-Bibliothek Nr. 7906); auch in: B., I.: *Der gute Gott von Manhattan. Die Zikaden. Hörspiele*. München 1963 (dtv-Sonderr. 14) – sowie in mehreren Sammelbänden.

61 Schnabel, Ernst: *Der sechste Gesang*. Sendemanuskript des SWF, 1955.

62 Perret, Jacques, und Jean Forest: »Die Rechenaufgabe«. In: *Hörspielbuch*. Bd. 10. Hamburg 1959.

63 Deiters, Heinz-Günter: »Ein Blinder geht durch die Stadt«. Sendemanuskript des NDR, 1958.

64 Obaldia, René de: »Sprechen wir von Charles oder Das Bankett der Quallen«. In: *tagstimmen* [Schallplatte des SR 1971].

65 Vgl. Anm. 20.

66 Pfeiffer, Arthur: *Rundfunkdrama und Hörspiel. T. 1: Vorfragen*. Berlin 1942 (Schriften des Instituts für Rundfunkwissenschaft an der Universität Freiburg i. Br. Nr. 3).

67 Schwitters, Kurt: »Konsequente Dichtung«. In: *G. Zeitschrift für elementare Gestaltung*. Hrsg. von Hans Richter. H. 3 (Juni 1924). Zitiert nach Schöning, Klaus (Hrsg.): *Neues Hörspiel*, s. Anm. 10.

68 Frank, Armin P.: *Das Hörspiel*, s. Anm. 12.

69 Zitiert nach Mon, Franz: *Phonetische Poesie* [Schall-platte]. Darmstadt, Neuwied: Luchterhand 1971.

70 Vgl. Anm. 31.

71 Bense, Max: *Einführung in die informationstheoretische Ästhetik. Grundlegung und Anwendung in der Text-theorie*. Hamburg 1969 (rde 320). – B., M.: *Aestetica*. Baden-Baden 1965.

72 Vgl. Helmlé, Eugen: »Werkstatt für potentielle Litera-tur«. Radioessay, SDR 1968.

73 Vgl. Geißner, Hellmut: »Versuch einer Poetologie der Permutation« (mit Textbeispielen von Ludwig Harig). Sendemanuskript des SR vom 15. August 1966. – Erst-sendung vom SR am 8. Juni 1967 unter dem Titel »Wenn der Hund mit der Wurst übern Spucknapf springt – was ist eine Permutation?«.

74 Novalis: *Briefe und Werke*. Hrsg. von E. Wasmuth. Bd. 3 »Fragmente«. Berlin 1943.

75 Raymond Queneau, zitiert nach Helmlé (s. Anm. 72).

76 Siehe Anmerkung 72.

77 Perec, Georges: *Die Maschine*. Stuttgart 1972 (Reclams Universal-Bibliothek Nr. 9352).

78 Siehe Anm. 73.

79 Vgl. Anm. 71.

80 Bense (vgl. Anm. 71).

81 Bense (vgl. Anm. 71).

82 Vgl. Anm. 32.

83 Döhl, Reinhard: »Man«. Sendemanuskript des SR, 1970.

84 Becker, Jürgen: *Häuser*, s. Anm. 36.

85 Vgl. Chomsky, Noam: *Sprache und Geist. Mit einem Anhang Linguistik und Politik* (Originaltitel: *Language and Mind*). Frankfurt a. M. 1970, 1972.

86 Bense, Max, und Ludwig Harig: »Der Monolog der Terry Jo«. In: Schöning, Klaus (Hrsg.): *Neues Hör-spiel*, s. Anm. 31.

87 Stichwort ›Lautsymbolik‹ in: *Reallexikon der deutschen Literaturgeschichte.* Bd. 2. Berlin 1965.

88 Vgl. Anm. 87.

89 Zitiert nach Knilli (s. Anm. 9).

90 Siehe Anm. 69.

91 Folgende Zitate: vgl. Anm. 69.

92 In: *Laut und Luise – Ernst Jandl liest Sprechgedichte.* Berlin 1968 (Wagenbachs Quartplatte 2). – Text: Jandl, Ernst: *Laut und Luise.* Olten, Freiburg 1966; auch Stuttgart 1976 (Reclams Universal-Bibliothek Nr. 9823 [2]).

93 Jandl, Ernst, und Friederike Mayröcker: *Fünf Mann Menschen. Hörspiele.* Neuwied, Berlin 1971; auch in: Schöning, Klaus (Hrsg.): *Neues Hörspiel* [mit einer Schallplattenaufnahme], s. Anm. 31.

94 Siehe Anm. 85.

95 Siehe Anm. 85.

96 In: Eich, Günter: Gesammelte Werke. Bd. 2, s. Anm. 16; auch in: *Hörspielbuch*, Bd. 7, Hamburg 1956, sowie in anderen Sammelbänden. Ferner, mit einer Einführung von Gerhard Prager, in: *Rundfunk und Fernsehen* 3 (1955).

97 Vgl. Anm. 19.

98 Vgl. Anm. 19.

99 Vgl. Schöning, Klaus (Hrsg.): *Neues Hörspiel*, s. Anm. 10.

100 Keckeis, Hermann: *Das deutsche Hörspiel 1932–1973.* Frankfurt a. M. 1973.

101 In: *Rundfunk und Fernsehen* 4 (1961).

102 Schnabel, Ernst (Hrsg.): *Hörspiele.* Frankfurt a. M. 1961.

103 Stichwort ›Hörspiel‹ in: *Reallexikon der deutschen Literaturgeschichte.* Bd. 1. Berlin 1958.

104 In: *Germanisch-Romanische Monatsschrift*, Bd. 12, H. 4 (1962).

105 Vgl. Anm. 12.

106 Klippert, Werner: »Kommt das kybernetische Hör-

spiel?« (s. Anm. 18), und K., W.: »Die Erfindungskraft des Hörspiels. Über die Stimme und das Mikrophon«. In: *Frankfurter Allgemeine Zeitung*, 17. August 1963.

107 Vgl. Anm. 20.

108 Vgl. Anm. 104.

109 In: *Rhetorik und politische Bildung*. Kronberg 1975.

110 Chlebnikov, Velimir: »Zangezi«. In: C., V.: *Werke*. Bd. 1. Reinbek bei Hamburg 1972.

111 Eich, Günter: »Sabeth«. In: E., G.: *Gesammelte Werke*. Bd. 2. Frankfurt a. M. 1973.

112 Eichelbeck, Reinhard: »Der Homoaudiovideograph«. In: *Die Funkpostille 1975* (hrsg. vom SR); auch in: *Vier Kurzhörspiele*. Stuttgart 1976 (Reclams Universal-Bibliothek Nr. 9834).

113 Schäfer, Walter Erich: »Die fünf Sekunden des Mahatma Gandhi«. In: *Hörspielbuch*. Bd. 1. Hamburg 1950; auch in: S., W. E.: *Hörspiele*. Stuttgart 1967.

114 Brecht, Bertolt: »Der Ozeanflug«. In: B., B.: *Gesammelte Werke*. Bd. 2. Frankfurt a. M. 1967.

115 Eich, Günter: »Träume«. In: *Träume. Vier Spiele*. Berlin, Frankfurt a. M. 1953; auch in: E., G.: *Gesammelte Werke*. Frankfurt a. M. 1973.

116 Sendemanuskript des SDR, 1974.

117 Sendemanuskript des SR, 1974.

118 Sendemanuskript des BR, 1968.

119 Vgl. Anm. 33.

120 Sendemanuskript des SR, 1972.

121 In: *Die Heimkehr. Die seltsamste Liebesgeschichte der Welt*. Zwei Hörspiele. Mit einer Rede des Autors über das Hörspiel. Stuttgart 1967 u. ö. (Reclams Universal-Bibliothek Nr. 8782); auch in: *Hörspielbuch*. Bd. 6. Hamburg 1955.

122 Sendemanuskript des WDR, 1972.

123 Harig, Ludwig: »Wahrlich, ich sage euch: Dies Geschlecht wird nicht vergehen, bis daß dieses alles geschehe«. Sendemanuskript des WDR, 1973.

124 Bartusch, Werner: in: *Rundfunk und Fernsehen*. Hamburg. H. 1 (1962).

125 In: R., H.: *Verwehte Spuren. Die Vitrine.* Zwei Hörspiele. Mit einem autobiographischen Nachwort. Stuttgart 1969 u. ö. (Reclams Universal-Bibliothek Nr. 8324); auch in: Schwitzke, Heinz: *Sprich, damit ich dich sehe*. München 1960.

126 Vgl. Anm. 125.

127 Zupan, Vitomil: »Aufruhr am Morgen«. Sendemanuskript des SR, 1976.

128 Thomas, Dylan: »Unter dem Milchwald. Ein Spiel für Stimmen«. In: *Hörspielbuch*. Bd. 10. Hamburg 1959; auch in: T., D.: *Unter dem Milchwald. Ganz früh eines Morgens. Ein Blick aufs Meer*. München 1973. – Einzelausgaben: Heidelberg 1954; Stuttgart 1970 u. ö. (Reclams Universal-Bibliothek Nr. 7930 [2]).

129 »Tagstimmen«. Stereohörspiel von Georges Perec, Eugen Helmlé und Philippe Drogoz. In: *tagstimmen* [Schallplatte des SR].

130 Aškenazy, Ludvík: »Auf eigene Rechnung«. In: *Begegnung mit der Tschechoslowakei*. Bremen 1965. – A., L.: »Das Gespräch ging auf Ihre Rechnung«. In: Helbig, Klaus: *Dialoge*. Berlin 1966, [3]1969.

131 Vgl. Anm. 20.

132 Vgl. Anm. 21.

Biographische Notiz

Werner Klippert, geboren 1923 in Offenbach am Main, studierte Germanistik, Geschichte, Theaterwissenschaft und Philosophie, war Gymnasial- und Hochschullehrer und zugleich Hörspiel- und Theaterkritiker bis zu seinem Eintritt in die Hörspieldramaturgie des Hessischen Rundfunks 1965. 1967 Chefdramaturg beim Norddeutschen Rundfunk, seit 1970 Leiter der Abteilung Hörspiel beim Saarländischen Rundfunk.

Arbeiten über Gerhart Hauptmann, Georg Büchner und Günter Eich; Kurzgeschichten, Hörspiele und Hörspielbearbeitungen. Zahlreiche Aufsätze zu Theorie und Praxis des Hörspiels. Hörspielregie. Herausgeber und Interpret von Hörspielbänden, zuletzt *Vier Kurzhörspiele*, Stuttgart 1976 (Reclams Universal-Bibliothek Nr. 9834). Mitautor von *Reclams Hörspielführer*, Stuttgart 1969.

Inhalt

Einleitung 3

Technik 15

Mikrofon 15
Monofones Aufnahmeverfahren – stereofones Aufnahmeverfahren – Kunstkopf-Stereofonie

Tonband 29
Speicherung und Montage-Dramaturgie

Mischpult 37
Blende – Filter – Modulatoren – Synthesizer

Ton und Geräusch 49
Materialwert – Kompositionselement – dramatur-
gisches Element – Eigendynamik

Wort 64

Das autonome Wort 64
Wortoperationen 67
Wort-Laut 75
Das personale Wort 81

Stimme 91
Eigenwert – Stimmerschließung – Dialektik der
Stimme – Welt der Stimme – Dramaturgie der
Stimme – Stimme als Thema

Anmerkungen 115

Biographische Notiz 126

Hörspiele

Leopold Ahlsen, *Philemon und Baukis.* 8591

Ingeborg Bachmann, *Der gute Gott von Manhattan.* 7906

Jürgen Becker, *Häuser.* 9331

Samuel Beckett, *Embers / Aschenglut.* Englisch und deutsch. 7904

Manfred Bieler, *Der Hausaufsatz.* 9713 – *Vater und Lehrer.* 8361

Heinrich Böll, *Bilanz. Klopfzeichen.* 8846

Michel Butor, *Fluglinien.* 9314

Alfred Döblin, *Die Geschichte vom Franz Biberkopf.* 9810

Günter Eich, *Festianus, Märtyrer.* 8733

Dieter Forte, *Die Wand. Porträt eines Nachmittags.* 9453

Max Frisch, *Rip van Winkle.* 8306

Wolfgang Hildesheimer, *Begegnung im Balkanexpreß. An den Ufern der Plotinitza.* 8529

Peter Hirche, *Die Heimkehr. Die seltsamste Liebesgeschichte der Welt.* 8782

Fred von Hoerschelmann, *Das Schiff Esperanza.* 8762

Ernst Johannsen, *Brigadevermittlung.* 8778

Marie Luise Kaschnitz, *Caterina Cornaro. Die Reise des Herrn Admet.* 8731

Werner Klose, *Reifeprüfung.* 8442

Otto-Heinrich Kühner, *Pastorale 67.* 8541

Siegfried Lenz, *Das schönste Fest der Welt. Haussuchung.* 8585

Georges Perec, *Die Maschine.* 9352

Christa Reinig, *Das Aquarium.* 8305

Hans Rothe, *Verwehte Spuren. Die Vitrine.* 8324

Jan Rys, *Grenzgänger.* 8337

Ernst Schnabel, *Ein Tag wie morgen. 29. Januar 1947 – 1. Februar 1950.* 8383 [2]

Luigi Squarzina, *Der Unfall.* 9383

Dylan Thomas, *Unter dem Milchwald.* 7930 [2]

Vier Kurzhörspiele. Ingeborg Drewitz, Reinhard Eichelbeck, Katharina Werner, Günter Bruno Fuchs. 9834

Peter Weiss, *Der Turm.* 9671

Dieter Wellershoff, *Die Bittgänger. Die Schatten.* 8572

Wolfgang Weyrauch, *Das grüne Zelt. Die japanischen Fischer.* 8256

Erwin Wickert, *Der Klassenaufsatz. Alkestis.* 8443

Paul Wühr, *Preislied.* 9749

in Reclams Universal-Bibliothek